Charles de Saint-Cyr

Garibaldi

Paris

GARIBALDI

CH. DE SAINT-CYR

**

GARIBALDI

PARIS
Société d'Édition et de Publications
Librairie FÉLIX JUVEN
122, Rue Réaumur, 122

GARIBALDI

PREMIÈRE PARTIE

AU SERVICE DE DEUX RÉPUBLIQUES

I

Dans une petite maison basse, simple, modeste, charmante, pittoresquement située sur le rivage niçois et dont la blanche façade tout ensoleillée regardait gaîment les flots d'azur, naquit, le 4 juillet 1807, un enfant qu'on appela Giuseppe. Son père, Domenico Garibaldi, honnête capitaine au cabotage, descendait d'une vieille famille ligure qui comptait plusieurs générations de braves marins. Sa mère était une femme aussi remarquable par la beauté que par l'intelligence, et par la vertu que par la grâce exquise. Une parfaite union régnait entre les époux; mais le souci que leur causait la médiocre réussite de leurs entreprises commerciales troublait singulièrement ce bonheur intime. Ils ne pouvaient faire instruire comme ils l'eussent désiré leurs quatre garçons. Toutefois ils mirent leurs soins à les entourer de bons conseils, de nobles exemples et s'efforcèrent de les diriger vers le bien, vers l'idéal, de les animer de l'ardent patriotisme dont brûlaient leurs propres cœurs. Jamais Giuseppe n'oublia les angoisses si touchantes de cette tendresse inquiète à laquelle il répondit par une affection que ne diminuèrent ni les années, ni les agitations de sa vie. Le souvenir de sa mère resta surtout profondément gravé dans son cœur et devint pour lui l'objet d'une sorte de culte. « Ah ! ma mère, écrivait-il bien longtemps plus tard, je suis fier de penser qu'elle aurait pu servir de modèle à toutes les mères, et n'est-ce pas tout dire ? » Et il ajoutait : « Un des regrets de ma vie est de n'avoir pu rendre heureux ses derniers jours et que mon aventureuse carrière lui ait causé tant de chagrin. »

« L'aventureuse carrière » avait, en effet, commencé dès l'enfance par une fugue concertée avec des petits camarades d'école dans le but ambitieux et vague d'aller « tenter fortune » à Gênes. Heureusement, le canot que montaient les imprudents gamins fut rejoint en face du rocher de la Condamine par le capitaine Domenico Garibaldi. On revint plus mortifiés que repentants.

Cette intrépide témérité dont le futur condottiere devait, au cours de son existence, donner des preuves si héroïques, se manifesta en maintes occasions, avant même qu'il eût atteint la période de l'adolescence.

Voici, entre beaucoup d'autres que je pourrais citer, un de ces traits de courage spontané.

Un jour, musant aux environs de la demeure paternelle, Giuseppe Garibaldi aperçoit une femme tombée accidentellement dans la grande fosse où l'on fait tremper le chanvre. D'autres eussent appelé à l'aide, eussent été chercher du secours, lui s'élance, se précipite dans la fosse profonde et parvient à sauver la femme.

Le sentiment de patriotisme qu'il avait, comme je l'ai dit, hérité de ses parents s'accentuait à mesure qu'il grandissait. Aussi constatait-il avec regret que Nice, redevenue italienne en 1814, persistât à rester française de cœur et de langage et parût s'occuper médiocrement de ce qui se passait par delà les Alpes. Quant à lui, malgré les tendances de son entourage, malgré son peu de goût pour les études littéraires, il se mit à étudier passionnément sa langue d'origine.

A quinze ans, il effectua sa première traversée sous les ordres d'un capitaine dont l'extrême bonté lui donna de la vie une impression optimiste qui ne devait point s'effacer. Le second voyage eut lieu à bord de la tartane paternelle, la *Sainte-Reparate* et lui permit de visiter Rome, cette Rome qui déjà occupait son esprit, qui dès lors lui apparut comme la terre promise de l'Italie délivrée!

Puis, avec des intervalles pendant lesquels il complétait son instruction littéraire et son instruction technique, les traversées succédèrent aux traversées; il essuya des tempêtes, il fit même naufrage. Son âme de marin s'exaltait au milieu de ces dangers et de ces émotions. En 1832, il fut reçu capitaine au long cours.

Pendant une de ses croisières, il se lia avec un jeune Génois qui partageait ses opinions et vivait les mêmes rêves. Aussitôt, les deux camarades échafaudèrent un plan merveilleux de rénovation nationale : « Colomb ne fut certes pas plus heureux de la découverte de l'Amérique que je n'eus de joie à rencontrer quelqu'un souhaitant la rédemption de la patrie, » a-t-il écrit en rappelant cet incident juvénile.

Quelque temps plus tard, il fit la connaissance de Mazzini, dont il épousa les idées avec tant d'ardeur que, lors des événements de 1834, en Piémont, il se trouva au nombre des conjurés. Comme on avait besoin d'hommes énergiques pour tenter de soulever quelques équipages, Garibaldi n'hésita pas à s'engager dans la marine militaire sarde, sous un nom d'emprunt. Mais la conjuration fut découverte et il eut juste le temps de fuir.

Au moment où il allait être pris par la police de Gênes, il eut l'inspiration de se réfugier dans une fruiterie et de raconter franchement, à tout hasard, son histoire au maître de l'établissement. Cet homme était généreux, il fut touché de la confiance que le marin fugitif mettait en son hospitalité et il lui prêta des vêtements de paysan. Ainsi déguisé, Garibaldi sortit tranquillement du magasin et gagna l'une des portes de la ville. Dès qu'il l'eut franchie, il se jeta à travers champs, sauta les haies et les murs, et parvint aux montagnes. Arrivé là, il s'orienta à l'aide des étoiles et se dirigea du côté de Nice, se cachant pendant le jour, se remettant en route pendant la nuit. Enfin, il atteignit sa ville natale, y passa quelques heures chez l'une de ses tantes où sa mère vint l'embrasser. Au coucher du soleil, il reprit, accompagné cette fois de deux amis, sa course vers la frontière. Le Var était grossi par les pluies et il fut obligé de le traverser à la nage. Il était sur le territoire français, il était sauvé. Quelques jours après, il lisait pour la première fois son nom imprimé dans un journal qui mentionnait sa condamnation à mort. « C'est ainsi, remarque-t-il plaisamment, que commença ma vie publique. »

Garibaldi se retira à Marseille. Tout en y donnant des leçons pour vivre, il continuait à avoir la hantise des choses de la mer. Pour tromper l'ennui des heures de solitude, il se promenait sur le port, s'asseyait au bord du môle et regardait les voiles qui formaient là-bas des petites taches blanches entre le ciel et l'eau. Bientôt il n'y tint plus, abandonna ses élèves et, comme il ne pouvait plus naviguer sous pavillon italien, il prit du service à bord d'un bâtiment français, puis, quelque temps après, s'enrôla dans un équipage tunisien et passa en Amérique. On peut considérer ce moment comme le véritable début de sa romanesque carrière.

II

Peu après son arrivée à Rio de Janeiro (décembre 1836), il rencontra un compatriote nommé Rossetti avec lequel il sympathisa tout de suite. Les deux jeunes gens avaient des idées et des aspirations communes, une égale hardiesse dans le caractère ; très vite ils devinrent intimes. « Je suis fatigué de traîner une existence inutile pour notre pays, disait Garibaldi à son ami; je sens que nous sommes réservés à de plus grandes destinées, nous sommes en dehors de notre élément. » Les deux camarades n'allaient pas tarder à y rentrer.

Le Rio-Grande qui est la plus méridionale des provinces brésiliennes, s'était révolté et avait proclamé la République. Garibaldi et Rossetti, enthousiasmés par le spectacle de cette lutte soutenue contre les forces réunies de tout un empire, arment un minuscule navire qu'ils baptisent symboliquement le *Mazzini* et, après avoir obtenu des lettres de course par l'entremise d'un Italien, secrétaire du président de la nouvelle république, embarquent avec douze compagnons et s'élancent, toutes voiles dehors, sur l'océan. Les voilà bien et dûment corsaires. A la poupe de leur navire flotte fièrement le pavillon du Rio-Grande, le drapeau sacré de l'indépendance.

Nos jeunes corsaires tiennent à ce qu'aucun excès ne le souille et ils regardent comme un impérieux devoir d'établir à leur bord une discipline sévère, notamment en ce qui concerne les prises. Amour de la liberté, respect de la vie et des biens des vaincus sont deux principes que l'on retrouvera mis en pratique dans tous les corps commandés par Garibaldi.

Le premier navire capturé fut un bâtiment chargé de café, la *Luisa*, dont les passagers eurent très peur à la vue de l'accoutrement bizarre et de la mine rébarbative de certains matelots du *Mazzini;* mais ils ne tardèrent pas à se rassurer, car on se contenta de les débarquer en leur laissant leur chaloupe et des vivres. On ne s'empara ni de leur argent, ni de leurs bijoux. Cependant, pour qu'ils n'eussent pas un moyen trop rapide de faire connaître l'aventure, on coula le *Mazzini*, tandis qu'on arborait le pavillon corsaire sur la *Luisa*.

Peu de jours après, la *Luisa* entra dans le port de Maldonado (Uruguay) où on l'accueillit triomphalement. Garibaldi demeura avec le bâtiment et l'équipage pendant que Rossetti gagnait Montevideo afin de régulariser les prises. Mais bientôt l'attitude des autorités de Maldonado à l'égard des corsaires changea complètement par suite d'une décision gouvernementale qui refusait de reconnaître le pavillon du Rio-Grande. Garibaldi fut contraint de se réembarquer ainsi que ses hommes et de s'éloigner.

Il se dirigea vers le Rio de la Plata dans l'intention de gagner les falaises de Saint-Grégoire situées au sud de Montevideo et d'attendre là Rossetti qu'il avait fait prévenir. La traversée, par une mer très grosse qui faillit plusieurs fois jeter la *Luisa* sur des écueils nombreux et mal connus, fut fort dangereuse. De plus, le petit bateau était entouré par des bandes de loups de mer dont les corps brunâtres empêchaient de reconnaître les récifs, ce qui gênait beaucoup pour gouverner. On finit cependant par trouver un abri favorable et l'on y jeta l'ancre.

On attendait Rossetti, mais Rossetti ne paraissait point et Garibaldi se demandait anxieusement ce qu'il était devenu (1). Cependant, les provisions de bouche auxquelles le bel appétit des douze jeunes gens vivant en plein air faisait de terribles brèches, diminuaient rapidement et il fallait, coûte que coûte, les renouveler. On apercevait bien à une certaine distance le toit d'une habitation ; mais la *Luisa* ne possédait point de canot. Garibaldi ne se

---

(1) Il n'apprit que beaucoup plus tard que celui-ci n'avait pas quitté Montevideo et avait été obligé de s'y cacher.

déconcerta pas pour si peu ; il fit fabriquer une sorte de radeau très rudimentaire et, prenant avec lui un de ses hommes, parvint en dépit du courant et du vent, à accoster la terre. Laissant alors le radeau sous la garde du marin, il se dirigea vers la maison.

C'était le matin ; un soleil radieux éclairait des prairies s'étendant à l'infini et dont, sous le souffle de la brise, les herbes hautes ondulaient comme des vagues, cachant à moitié les innombrables troupeaux épars çà et là. Garibaldi s'arrêta émerveillé. Si forte fut cette première impression que lui causa la vue des pampas, qu'il se plaisait encore, quarante ans plus tard, dans sa retraite de Caprera, à en évoquer le souvenir.

Arrivé à la maison, autre étonnement. Il est reçu, en l'absence du maître, par une belle jeune femme qui lui parle de Dante et de Pétrarque, qui lui récite des vers espagnols composés par elle et lui raconte sa vie, les circonstances qui lui ont fait, à la suite de revers de fortune, quitter Montevideo où elle est née, sa rencontre avec celui qui devait devenir son époux, son mariage et l'existence heureuse, libre et large qu'elle mène actuellement. Garibaldi est enchanté et les heures passent dans la plus exquise des conversations. Enfin, le mari paraît et ne se montre pas moins accueillant que sa femme. Le lendemain Garibaldi embarquait sur son navire une quantité d'excellentes provisions de bouche.

Quelques jours après, survinrent des incidents beaucoup plus graves. On avait signalé deux grandes chaloupes, battant pavillon uruguayen. Etaient-elles amies ou ennemies? La réponse à cette question fut une décharge de mousqueterie qui tua net l'un des douze. Aussitôt le combat s'engagea. Garibaldi, atteint d'une balle au cou, tomba. Carniglia, son second, prenant le commandement, réussit à repousser l'ennemi ; mais il était à craindre que celui-ci ne revînt en force, et la prudence conseillait de fuir en remontant le Rio.

Pendant qu'on virait de bord, Garibaldi était sorti de son évanouissement, mais, hélas! sa blessure semblait mortelle. S'il y succombait, dans quelle situation allaient se trouver ses hommes ! Aucun d'eux n'avait navigué sur le fleuve, et ils ignoraient tout du pays. On étendit devant le blessé une carte et on le supplia de tâcher d'indiquer la direction à suivre. Machinalement et sans doute parce que le nom écrit en lettres plus grandes attira son attention, le blessé désigna d'une main défaillante Santa-Fé, sur le Parana. On obéit sans d'ailleurs aucun espoir, car l'Uruguay, le seul gouvernement qu'on croyait ami du Rio-Grande avait repoussé les corsaires. Ceux-ci n'étaient donc plus aux yeux de tout le monde que des pirates; aucun doute sur le sort qui les attendait.

Afin de s'y soustraire les marins indigènes qu'on avait engagés désertent. Les Italiens restent seuls. Quant à Garibaldi, qui croyait sa dernière heure venue, il éprouvait une horreur affreuse à la pensée qu'on immergerait son cadavre; aussi demanda-t-il avec instances à Carniglia de le faire, si c'était possible, transporter à terre après sa mort et de donner une tombe à sa dépouille. Les larmes aux yeux, le fidèle lieutenant lui en fit la promesse.

III

La *Luisa* continuait de remonter le fleuve, ayant pour perspective certaine d'être faite prisonnière. L'important était que l'équipage eût une captivité peu rigoureuse et surtout la moins longue possible. Gualeguay, ville argentine de l'Entre-Rios, réalisa ce programme et Garibaldi y fut très bien soigné ; la balle qu'il avait reçue au cou fut extraite et il guérit parfaitement.

L'internement dura six mois dans des conditions tout à fait agréables, chacun rivalisant de générosité envers les prisonniers. On permettait même au jeune capitaine des promenades à cheval, sous la seule condition de ne pas franchir un rayon de plus d'une douzaine de milles. Mais son âme impétueuse ne pouvait se contenter d'une demi-liberté. Il conçut et exécuta un projet d'évasion dont je ne peux mieux faire que de lui laisser raconter à lui-même les dramatiques péripéties.

« Un soir d'orage, je me dirigeai vers la maison d'un bon vieux qui habitait environ à trois milles de la ville. Je l'avais pris pour confident de mon projet. Il m'avait trouvé un guide sûr et des chevaux vigoureux. Je devais gagner l'Ibicuy, petit affluent de Gualeguay, où j'étais à peu près certain de trouver des bateaux en partance soit pour Buenos-Ayres, soit pour Montevideo. Nous prenons bien entendu à travers champs, de façon à ne pas être découverts. Nous avions plus de cinquante milles à parcourir et je tenais à arriver à l'aube. C'est dire que nous prîmes de suite le galop et gardâmes cette allure presque toute la nuit. Nous parvînmes ainsi avant le soleil à un demi-mille d'une estancia, sur les bords de l'Ibicuy. Mon guide me fait cacher dans un bois et va prendre langue. J'étais bien aise de cet instant de repos, car pour un marin, toute une nuit à cheval, il y a de quoi lui briser les membres. J'attendais donc, mais mon guide ne revenait pas. Je me décidai alors à gagner à pied la lisière du bois. Tout à coup j'entendis derrière moi un galop et je vis un gros de cavaliers sabre au clair. Ils se trouvaient entre mon propre cheval et moi. Tout essai de fuite était donc inutile et plus inutile encore toute tentative de résistance. On m'attacha les mains derrière le dos, on me hissa sur un petit cheval, sous le ventre duquel, par excès de précaution, on me lia les pieds et ce fut en cet équipage peu triomphal que j'opérai ma rentrée à Gualeguay. »

De durs traitements y étaient réservés au fugitif. Le commandant de la ville, nommé Milan, qui ne dissimula jamais qu'avec peine et seulement pour obéir aux ordres du gouverneur de la province, son antipathie envers Garibaldi, ne manqua pas une si bonne occasion de la lui témoigner. Il l'attendit au seuil de la prison et sur le refus que lui opposa ce dernier de lui dénoncer son complice, il le frappa brutalement avec un fouet qu'il tenait à la main. Garibaldi persistant dans son mutisme, Milan exaspéré, le fit suspendre par les poignets au moyen d'une corde nouée à une poutre et le laissa pendant deux heures dans cette terrible situation. « Mon cœur, écrit Garibaldi, brûlait comme une fournaise, et mon estomac semblable à un fer rouge desséchait véritablement l'eau que j'avalais avidement et qu'un soldat me passait sans interruption. » Quand on mit fin à son supplice, il était évanoui. Non seulement on n'eut aucun soin de lui, mais on le chargea de chaînes. Notez qu'on venait de lui faire franchir pieds et mains liés les cinquante-quatre milles qui séparent l'Ibicuy du Gualeguay, c'est-à-dire un pays marécageux où il avait été livré sans défense aux morsures d'innombrables moustiques particulièrement cruels en cette saison de l'année.

La fureur de Milan ne s'en tint pas là. Il fit emprisonner l'homme charitable qui s'était pris d'amitié pour Garibaldi dès le début de sa captivité et lui avait offert l'hospitalité (mais n'avait cependant rien su de son projet d'évasion). Dès lors, chacun trembla dans la petite ville. Une seule personne, une femme, fut assez courageuse pour donner au capitaine italien des témoignages de sollicitude sans lesquels certainement il serait mort.

Transporté dans la prison de Bajada, chef-lieu de la province, Garibaldi fut libéré au bout de deux mois.

La destinée, qui se plaît souvent à de pareilles ironies, voulut que ce même Milan, dix ans plus tard, au cours de la guerre de l'Argentine et de l'Uruguay, fût fait prisonnier par les soldats de Garibaldi. Celui-ci aurait pu d'autant mieux se venger qu'en ces temps et en ces régions achever un blessé était chose fort commode. Mais aux soldats qui lui offraient de lui amener son ennemi, Garibaldi répondit : « Je ne veux pas le voir, laissez-le. »

IV

Garibaldi gagna Montevideo. Il y retrouva ses amis, mais fut contraint d'observer une grande prudence, car on n'avait pas oublié le combat soutenu par lui, dans le Rio, contre deux chaloupes appartenant à l'Uruguay. Cette façon de vivre, ces précautions ne tardèrent pas à lui être insupportables. Il repartit en compagnie de Rossetti pour le Rio-Grande.

L'éphémère petite république montrait une grande énergie dans sa lutte avec l'empire du Brésil. Son gouvernement était alors établi à proximité de la mer et de la frontière uruguayenne dans le village de Piratinim. Installation, d'ailleurs, toute provisoire ; car on se déplaçait en même temps que la petite armée dont on tenait à honneur de partager les fatigues et les périls. Bento Gonçalès, président et général en chef de la République, essayait, à la tête d'une brigade de cavalerie, de s'opposer à l'invasion des troupes impériales. Garibaldi sollicita et obtint de le rejoindre. Il fut immédiatement séduit par ce brillant cavalier qui, âgé de près de soixante ans, avait encore raison d'un cheval indompté : un tel chef était bien celui qu'il fallait aux rio-grandéens, qui sont, peut-être, les premiers cavaliers du monde. Il était brave, généreux et sa haute taille restée svelte lui donnait un air fort imposant.

Dans cette guerre de guérillas, les petites armées en présence ne s'embarrassaient pas d'un grand bagage. On était, au demeurant, toujours certain de trouver le dîner du soir, car la campagne était riche en bestiaux. Ce repas frugal Garibaldi et Gonçalès le prenaient ensemble. Leur conversation n'était pas sans profit pour le président du Rio-Grande qui, malgré sa vaillance, manquait souvent de ténacité pendant la bataille. Son hôte lui donnait de bons conseils, ayant lui-même pour principe invariable que s'il faut réfléchir avant de commencer un combat, il ne faut jamais, le combat commencé, désespérer de la victoire tant que l'on n'a pas usé de tous ses moyens et employé toutes ses réserves. La campagne fut heureuse et après avoir repoussé l'ennemi, la brigade républicaine rentra à Piratinim.

Garibaldi reçut alors le commandement de deux petits bâtiments en construction à la lagune dos Patos. Son ami Rossetti étant chargé de la rédaction de l'unique journal qui se publiât dans la république, *O Povo* (Le peuple), il partit seul pour l'embouchure du Camacuan où une *estancia* (ferme) appartenant au président Gonçalès tenait lieu d'arsenal. Il y arbora son pavillon sur le *Rio-Pardo*. Le *Repubblicano* plus petit, fut placé sous les ordres du nord-américain John Grigg.

Ce Grigg mérite une mention. Il avait quitté une existence luxueuse pour venir offrir ses services à la république qui l'employa d'abord comme ingénieur naval et le chargea de la construction des deux petits bâtiments *Rio-Pardo* et *Repubblicano*. Il fit preuve, pendant cette mission, de beaucoup d'intelligence car les ressources étaient minces, l'outillage presque nul, les ouvriers inexpérimentés. Quand il eut pris le commandement du *Repubblicano*, il se montra aussi audacieux marin qu'il s'était montré constructeur habile (1).

Parmi ses équipages, Garibaldi retrouva quelques-uns de ses amis de Montevideo et de ses compatriotes. Le reste des matelots était composé de mulâtres, d'esclaves libérés, et aussi de quelques-uns de ces aventuriers fort sujets à caution qui montent les navires flibustiers et à l'occasion ne dédaignent pas la traite des noirs. Cependant tous firent preuve non seulement de bravoure, mais encore d'un véritable esprit de discipline.

Au début, on manquait de presque tout. Heureusement une prise ne tarda pas d'être faite

---

(1) Grigg paya de sa vie son enthousiasme républicain. Quatre jours après sa mort, une lettre arrivait à son adresse qui le mandait pour recueillir un colossal héritage.

qui permit aux hommes de compléter leur équipement. Cette première prise redoubla la vigilance des impériaux. N'importe : quelle belle vie pour des hommes courageux et jeunes que cette existence de hasards, de dangers, de luttes, de souffrances parfois, et souvent de triomphes que salue d'un tendre regard admiratif une jolie créole !

Sur les bords du Camacuan, outre les *estancias* du président Gonçalès, il y avait celles des membres de sa famille, et dans toutes on accueillait également bien les corsaires qui venaient s'y reposer après leurs expéditions.

Garibaldi trouvait surtout du plaisir chez dona Anna, sœur du président. Cette dame avait trois filles fort jolies comme le sont la plupart des Rio-Grandéennes. L'une d'elles, Manuela, fit sa conquête ; comme elle était fiancée, Garibaldi n'avoua pas son amour, mais il en garda toujours un souvenir ému.

Les équipages du *Rio-Pardo* et du *Repubblicano* ne se contentaient pas des prises faites sur eau. Ils embarquaient un certain nombre de chevaux, et, à l'occasion, après avoir accosté et pris terre, on poussait des raids assez loin du rivage.

A mesure qu'augmentait le nombre des prises, grandissait bien entendu chez les impériaux le désir de se débarrasser de ceux qui leur occasionnaient tant de mal. Chaque transport était maintenant puissamment escorté et de nombreux navires solides, bien armés, donnaient la chasse aux petits bâtiments rio-grandéens qui se trouvaient comme enveloppés d'une sorte de filet dont les mailles devenaient chaque jour plus étroites.

Parmi les officiers chargés d'exercer cette surveillance, un des plus adroits à la poursuite était le colonel Francesco de Abreu, dit Moringue, qui avait fait la gageure de surprendre Garibaldi. Plein de courage, sachant préparer habilement un coup de main et l'exécuter avec énergie, Moringue possédait, en outre, l'avantage de connaître fort bien la région du Camacuan où il était né. Cependant aucune des surprises qu'il avait tentées n'avait encore réussi.

Un jour, Garibaldi avait fait tirer à terre ses deux embarcations en face d'un *saladero* abandonné (hangar où l'on sale les viandes). On commença par organiser de sérieuses patrouilles, car la brume était particulièrement épaisse. Puis, comme on ne remarquait rien, la plupart des hommes se dispersèrent, vaquant à des occupations diverses : les uns récoltaient du maté, dont les feuilles légèrement grillées donnent en infusion une boisson assez semblable au thé (les sud-américains en sont très friands); d'autres, sous les ordres de John Grigg, coupaient du bois pour de petites réparations à effectuer aux bâtiments. Si bien que Garibaldi n'avait plus sous la main que quelques soldats surveillant la cuisine ou se reposant, lorsqu'une troupe de cavaliers ennemis fit irruption. Un coup de sabre traverse son *poncho* (1), mais il a le temps de se réfugier dans le *saladero* avec ses hommes qui saisissent leurs fusils et le combat commence : quatorze contre plus de cent cinquante, parmi lesquels quatre-vingts Autrichiens, excellents soldats que Moringue emmenait dans toutes ses expéditions.

Les tentatives de ce genre n'ont chance de succès qu'à la condition que l'ennemi, déconcerté par la brusquerie d'une attaque imprévue, ne reprenne pas son sang-froid; mais pour peu qu'il résiste, c'est en général partie manquée. Il en fut ainsi en cette occasion. Les Garibaldiens, fort bons tireurs, arrêtèrent par des feux de salve bien réglés, l'impétuosité de leurs assaillants, les obligèrent à un combat en règle, combat fort inégal, puisqu'ils n'étaient que quatorze, mais dont la position respective des adversaires, les uns exposés à toutes les balles, les autres protégés par les murailles, compensait dans une certaine mesure la disproportion des deux troupes en présence. Garibaldi et ses hommes s'efforçaient, d'ailleurs, de dissimuler leur faiblesse numérique en faisant beaucoup de bruit; ils chantaient avec tant de vigueur l'hymne rio-grandéen qu'on n'aurait jamais pu

---

(1) Manteau de forme très ample.

penser que quatorze gosiers fussent capables de fournir un chœur aussi nourri. Au bout d'une heure, Moringue se retira, laissant plusieurs morts, emportant beaucoup de blessés, ayant lui-même un bras cassé. Du côté garibaldien aucun mort, mait huit blessés, la moitié de l'effectif !

La nouvelle de ce brillant fait d'armes se répandit rapidement dans la région et contribua à raffermir le courage des habitants. Garibaldi voyait chaque jour grandir sa réputation de vaillance, mais ce qui lui fut plus doux que tous les éloges fut d'apprendre que Manuela s'était émue des dangers qu'il avait courus.

V

Deux nouveaux petits bâtiments étaient en chantier. Aussitôt qu'ils furent achevés, on les envoya rejoindre le *Rio-Pardo* et le *Repubblicano,* afin de coopérer avec eux au siège de Porto-Alegre. Faute d'artillerie, on dut abandonner l'entreprise.

On prépara alors contre la province de Santa-Caterina, limitrophe au nord du Rio-Grande, une expédition dont on confia au général Canabarro le commandement suprême. Garibaldi fut chargé de seconder ce mouvement offensif avec ses deux meilleurs navires. Il emmena Grigg et l'élite de ses équipages.

Le difficile était de gagner la mer. En effet, deux villes fortifiées, toutes deux au pouvoir des Impériaux, défendaient le passage qui fait communiquer la lagune dos Patos avec l'océan. Heureusement les bateaux de Garibaldi étaient d'assez petite dimension et assez légers pour qu'on pût, au moyen de roues glissées sous leur carène, les transporter par terre d'un point à un autre. La flottille rio-grandéenne accomplit ainsi, traînée par des bœufs, un voyage peu ordinaire de plus de cinquante milles jusqu'au lac de Taramanday. De là, il fallait passer dans l'océan, opération extrêmement difficile à cause du peu de profondeur du lac, même à marée haute. Enfin, après plusieurs heures d'un dur labeur, les difficultés furent vaincues et Garibaldi pût jeter l'ancre dans une mer très calme.

Le lendemain matin, dès l'aube, on mit à la voile avec une brise légère, d'abord favorable, mais qui fraîchit peu à peu. Bientôt elle souffla en tempête, et le *Seival* se trouva séparé du *Rio-Pardo*. Celui-ci avait mis à la cape et fuyait devant l'ouragan. La situation devint de plus en plus grave. Les vagues s'élèvent comme des montagnes. Impossible de songer à se jeter à la côte, car on est en pays ennemi et l'on n'est pas suffisamment armés pour se défendre. Et puis, on risque de perdre à la fois le bateau et le canon, le beau canon de douze, orgueil et espoir de la flottille ! Non ! plutôt fuir encore sous le vent et se laisser aller à la dérive. Cependant, le bateau fatigue tellement qu'il ne pourra résister davantage : ou sombrer, ou se résoudre à gagner la côte. En pareille occasion, un commandant qui a la responsabilité de trente vies humaines n'a pas le droit d'hésiter. Garibaldi veut, du moins, choisir le point de cet atterrissage forcé. Il monte au mât de misaine pour examiner la rive. A cet instant, une vague énorme soulève le *Rio-Pardo* et le secoue avec une force terrible. Garibaldi est précipité dans la mer ainsi que plusieurs de ses hommes. Excellent nageur, il les aide à se maintenir sur l'eau en s'accrochant à des planches, à des morceaux de bois arrachés du navire et qui flottent à leur portée. Lui-même, profitant de l'accalmie relative qui suit toujours une série de grosses lames, parvient à se hisser jusqu'au bastingage. Carniglia est sur le pont, serré entre la barre du gouvernail et une poutre; une partie de la voilure est tombée sur lui et il est embarrassé par ses lourds vêtements tout trempés. Garibaldi s'efforce de le dégager. Mais au moment où il va réussir, une formidable trombe d'eau se jette sur le *Rio-Pardo*, le brise et entraîne dans l'abîme tout ce qui est resté à bord. Seuls, Garibaldi et Matru, l'un de ses camarades d'enfance, remontent à la surface. Mais ce dernier sent que ses forces l'abandonnent. Une vague passe et l'engloutit. Vainement, Garibaldi plonge plusieurs fois, il lui faut songer à se sauver lui-même. Enfin il atterrit. Sur la grève, les naufragés se comptent. Seize d'entre eux ont disparu, parmi lesquels tous les Italiens, notamment Carniglia, auquel Garibaldi ne put donner cette pierre tombale qu'il sollicitait lui-même jadis de son amitié.

Les malheureux survivants étaient exténués de fatigue et grelottaient. Heureusement la mer ayant rejeté sur la plage un baril d'eau-de-vie, ils purent se réchauffer quelque peu. Ils se mirent à suivre le bord d'un petit fleuve et rencontrèrent bientôt une habitation où on les accueillit cordialement, car cette partie de la province de Santa-Caterina venait de prendre parti pour la République.

Garibaldi rejoignit l'avant-garde qui se dirigeait sur Laguna, petite localité située au bord de la lagune de Santa-Caterina. Cette ville avait été évacuée par sa garnison brésilienne et l'on y trouva ancrés dans le port trois petits navires de guerre qui se rendirent sans résistance. L'un d'eux, l'*Itaparica,* était une goélette armée de six canons. Garibaldi en reçut le commandement et embarqua avec ses naufragés. L'*Itaparica* remplaçait avantageusement le *Rio-Pardo* et son artillerie consolait de la perte du fameux canon de douze.

Ce début de campagne fut favorable aux républicains. Les habitants les accueillaient à bras ouverts et faisaient profiter la petite armée rio-grandéenne des armes et des munitions que le gouvernement impérial continuait d'envoyer dans le pays. D'autre part, de nombreux déserteurs venaient la renforcer. Mais cette heureuse période devait être, comme nous allons le voir, de courte durée et ce fut en pure perte que s'était dépensé beaucoup d'héroïsme.

VI

« Hélas! écrit Garibaldi dans ses mémoires, je restais sans ami. Les corps de mes compatriotes avaient été jetés sur quelque plage solitaire ou bien l'océan les ballottait encore, ces pauvres Italiens amants de la liberté qui, ayant dû quitter leur pays asservi, étaient venus offrir leurs services et leur vie à une héroïque petite république. Je me sentais affreusement seul. Rossetti dont l'amitié aurait pu adoucir pour moi ces heures noires était retenu loin de moi. Mon cœur ne pouvait se faire à cette solitude, et encore que je ne me fusse jamais considéré jusqu'alors comme un homme mariable et que j'eusse souri à l'idée seule de me voir père de famille, voici que soudain la pensée d'une femme, d'une compagne me conquit tout entier. » Il ne tarda point à réaliser ce nouveau rêve.

Le général Canabarro lui avait prescrit d'attaquer, avec ses petits bâtiments, *Rio-Pardo* (la goélette qu'on avait nationalisée en lui donnant le nom du navire naufragé), *Cassapara,* placée sous les ordres de Grigg, et *Seival,* la flotte impériale dans les eaux brésiliennes.

On achevait les préparatifs du départ et, du haut de la dunette, Garibaldi surveillait, tout en s'amusant à regarder, au moyen de sa longue-vue, les riantes collines de la Barra qui dominent la lagune et sont semées de maisons de campagne. Soudain, il aperçut au balcon d'une de ces habitations la plus admirable jeune fille que ses yeux eussent contemplée. Non pas qu'elle fût jolie ; elle était étrange et ses traits mobiles reflétaient une indomptable énergie. Cette apparition causa à Garibaldi un émoi tel qu'aussitôt il descendit à terre et, sans réfléchir, comme hypnotisé, il se dirigea vers la maison.

Sur le seuil, précisément, était un homme qu'il connaissait, le propriétaire de la villa, qui l'invita à entrer et à prendre une tasse de café. La porte ouverte, il se trouva en face d'Anita, presque aussi troublée que lui-même. Un regard échangé riva leurs deux âmes.

— Tu seras mienne, lui murmura-t-il.

Jamais déclaration d'amour ne fut peut-être plus courte ni accueillie plus promptement. On eût dit que le destin avait prononcé.

Depuis ce jour mémorable, Anita devint la compagne de sa vie et de ses aventures, celle qui ne l'abandonna jamais ni dans la bonne ni dans la mauvaise fortune, dont la tendresse ne se démentit pas un instant, dont le courage et l'énergie furent toujours égaux à sa propre énergie et à son propre courage.

Peu de temps après Garibaldi mit à la voile, emmenant son amie. Cette première expédition faite ensemble fut fort dure et aguerrit la jeune femme. Tout d'abord, il fallut se glisser de nuit hors de la lagune de Santa-Caterina et passer devant les batteries qui en gardaient l'entrée. A la hauteur de Santos on fit rencontre d'une corvette impériale et l'on eut grand'peine à lui échapper. Heureusement pour nos corsaires la flotte brésilienne était en ce temps fort mal commandée.

Parmi les bateaux capturés il s'en trouva un qui n'était pas précisément une prise, mais plutôt une reprise. Il était déjà tombé entre les mains de Grigg et celui-ci l'avait confié à quelques-uns de ses hommes pour le conduire à bon port. Or, pendant le trajet, l'équipage brésilien s'était révolté et avait ligotté les Rio-Grandéens, qui, de gardiens, devinrent prisonniers. On pense avec quelle joie ceux-ci accueillirent leurs libérateurs. On intervertit de nouveau les rôles entre Brésiliens et Rio-Grandéens.

Durant l'obscurité d'une nuit d'orage la *Cassapara* fut séparée du *Rio-Pardo* et du *Seival*, lesquels, au matin, aperçurent une goélette ennemie armée de six canons. Garibaldi jugea que le mieux était de prendre une attitude offensive et de profiter de ce que l'état de la mer empêchait de combattre sérieusement.

Vers la fin du jour, le petit *Seival* dont le

canon avait été démonté fut dirigé sur le port voisin d'Imbituba qui était au pouvoir du Rio-Grande. Le *Rio-Pardo* voulut suivre la même direction, mais le vent ne lui permit pas d'entrer dans la lagune. Il fallut envisager la perspective d'un combat, car certainement l'*Andurinha* (c'était le nom de la goélette rencontrée) devait avoir prévenu la flotte impériale et celle-ci ne tarderait pas à arriver.

La baie d'Imbituba est, d'un côté, protégée par un promontoire. On y transporta le petit canon enlevé au *Seival* et l'on construisit hâtivement un ouvrage pour le mettre en batterie. Puis le *Rio-Pardo* fut embossé au fond de la baie. Tout était prêt le lendemain matin pour recevoir l'ennemi qu'on n'attendit d'ailleurs pas longtemps. Les forces en présence étaient fort inégales. Favorisé par la brise, l'assaillant ouvre un feu violent contre le *Rio-Pardo ;* mais chacun, parmi les défenseurs, accomplit courageusement son devoir. Anita, notamment, qui assiste à son premier combat, non seulement refuse d'être débarquée mais prend une part effective à l'action. Pendant ce temps, le canon hissé au haut du promontoire faisait merveille, si bien qu'après un certain nombre d'heures, l'ennemi se retire ayant subi des pertes sensibles et comptant notamment parmi ses morts le commandant d'un de ses plus importants bâtiments.

Le reste de la journée fut occupé à ensevelir

les morts et à réparer autant que faire se pouvait le *Rio-Pardo* qui avait subi de graves avaries. On ne laissa pas aux impériaux le loisir de préparer une nouvelle et plus décisive attaque. Le petit *Scival* ayant été remis en possession de son canon, Garibaldi profita du vent devenu favorable pour se glisser dans la lagune. Quand les impériaux s'en aperçurent, il était trop tard et ils ne purent que saluer de quelques inoffensifs boulets les deux bâtiments républicains désormais hors de leur atteinte. Ainsi finit un des engagements les plus importants de cette guerre où le courage dont les Rio-Grandéens firent preuve compensa souvent leur petit nombre.

A Laguna, une mauvaise nouvelle attendait Garibaldi. Les dispositions des habitants qui d'abord, comme on l'a vu, avaient été sympathiques s'étaient modifiées du tout au tout et maintenant se montraient aussi hostiles qu'elles avaient été cordiales ; d'autre part, l'armée brésilienne approchait rapidement. Il fallut se résigner à la retraite. Tandis qu'on s'y préparait, vingt-deux bâtiments ennemis vinrent attaquer le *Rio-Pardo*, l'*Itaparita* et la *Cassapara*.

Garibaldi manquait d'hommes. Il alla en demander au général en chef, mais celui-ci, n'ayant pu ou n'ayant pas voulu lui en fournir, il dut se résigner à tenter de lutter avec les quelques braves dont il disposait. A bord du *Rio-Pardo*, Anita avait déjà pointé elle-même le canon et mis le feu à la mèche. Aussitôt l'artillerie ennemie répondit par un feu violent. C'est là que l'héroïque Grigg trouva la mort : il reçut un boulet qui le coupa en deux sur le pont du navire. Tous les autres officiers placés sous les ordres de Garibaldi furent tués. Mis au courant de cette situation désespérée, le général en chef ordonne de brûler les navires. Garibaldi voulait, du moins, sauver les munitions de guerre. Anita l'aida à diriger ses quelques hommes valides dans ce travail qui s'accomplit sous une grêle d'obus. Cela fait, Garibaldi mit le feu aux trois bâtiments, puis l'ex-chef de la marine du Rio-Grande réunit les débris de ses équipages et s'en alla rejoindre avec eux l'arrière-garde de la division Canabarro qui battait en retraite.

Garibaldi chevauchait de conserve avec sa chère Anita. La belle et enthousiaste Brésilienne souriait aux fatigues comme aux périls de cette existence d'aventures pour laquelle elle s'était prise de passion et vraiment on eût dit que la Providence l'avait prédestinée à l'étrange roman qu'elle vivait. Cependant, l'heure de la mauvaise fortune avait sonné pour le Rio-Grande. De rares victoires qui ne pouvaient faire illusion retardaient à peine le mouvement rétrograde. Bientôt le chef républicain Texeira, ayant tenté avec un parti de cavaliers de surprendre les impériaux, se fit surprendre lui-même et Garibaldi, à la tête de ses marins, arriva juste à temps pour empêcher que la défaite ne se changeât en un complet écrasement des républicains et pour protéger la retraite. Mais le lendemain, il y eut une panique : des hommes désertèrent, d'autres se perdirent dans la forêt profonde où ils s'étaient jetés.

Lages, où l'armée séjourna ensuite quelque temps et où tout d'abord on l'avait bien accueillie, commençait comme les autres localités à se tourner contre les républicains, soit que la conduite de ceux-ci eût été de nature à leur aliéner les sympathies, soit qu'avisés de l'approche des troupes impériales, les habitants estimassent qu'il valait mieux ne pas être du parti des vaincus.

Peu à peu la petite armée se débandait. Les montagnards furent les premiers à partir, emmenant avec leurs propres chevaux, bon nombre de ceux qui appartenaient à la République. Beaucoup de volontaires en firent autant.

Les paysans n'avaient jamais montré grande sympathie pour la cause républicaine. Maintenant, ils ne prenaient plus la peine de cacher leurs sentiments et attaquèrent plusieurs fois l'armée pendant que celle-ci marchait sous bois, par d'étroits sentiers ; mais ils tiraient si mal qu'ils ne tuèrent personne et furent repoussés chaque fois avec pertes. Cela les découragea de continuer. On put regagner le quartier général qui était établi à Malacara à une douzaine de milles de Porto Alegre où se trouvait le président Bento Gonçalès.

Chaque jour marquait un recul de la cause républicaine. Le parti ne pouvait payer ses troupes et souvent les chefs ne disposaient pas, au moment opportun, d'assez de volontaires. Quelque hâte qu'on mît à se concentrer, l'occasion était presque toujours manquée. On commençait à se dire que le sort en était jeté et que l'on ne pouvait plus faire autre chose, sinon retarder l'heure suprême. Le président Gonçalès comprit alors la nécessité de frapper un grand coup. Rassemblant autour de lui tous les hommes sur lesquels il pouvait compter, il se dirigea vers Taquary à la rencontre des impériaux que commandait le vieux général Giorgio, un chef d'incontestable valeur.

Les deux armées en présence étaient les plus importantes qui se fussent trouvées face à face depuis le commencement des hostilités. Les républicains avaient 5,000 cavaliers et 1,000 fantassins, parmi lesquels des esclaves affranchis qui défendaient leur propre liberté en même temps que l'indépendance nationale.

Les impériaux comptaient 3,000 cavaliers, 4,000 fantassins et possédaient de l'artillerie. « Chacun de nous doit combattre comme quatre, » avait dit le président Gonçalès, et ces mots répétés de bouche en bouche avaient décuplé l'ardeur, l'enthousiasme, l'esprit de sacrifice. Mais Gonçalès, hésitait à abandonner, pour livrer bataille, ses positions excellentes : ce n'était point seulement par irrésolution naturelle mais parce qu'il se rendait compte que la République jouait son va-tout et ne pourrait point, en cas d'insuccès, réparer ses pertes. Il ne voulait attaquer que certain de vaincre. Giorgio de son côté ne se souciait pas de combattre dans des conditions d'infériorité. La journée se passa donc dans une attente réciproque et, la nuit venue, les impériaux évacuèrent leurs positions. Quand Gonçalès s'en aperçut il était trop tard. L'occasion d'anéantir les forces du Brésil était perdue et tout se termina par une sanglante escarmouche.

Pour se dédommager et pour utiliser les forces qu'on avait réunies, on tenta une expédition contre San-José-de-Norte. Tout se borna à une fatigante marche de huit jours et à quelques succès rendus inutiles par le manque d'artillerie. Il fallut se retirer, car les privations de toutes sortes et les pertes subies avaient singulièrement affaibli l'infanterie ; les marins de Garibaldi qui en constituaient l'élite n'étaient plus qu'une quarantaine d'hommes, officiers compris.

La mauvaise saison ayant commencé, on s'arrêta à San-Simon dans l'espérance de pouvoir s'y refaire. Ce fut là que naquit (1840) Menotti Garibaldi. Sa courageuse mère avait dû récemment encore assister à des combats et subir des privations ; elle avait même fait une chute de cheval. Les objets les plus nécessaires manquaient. Garibaldi partit pour le sud afin de se les procurer. Il croyait, en effet, San-Simon à l'abri d'une surprise. Quels ne furent pas son étonnement et sa douleur en trouvant, à son retour, la ville évacuée !

Où était Anita ? Il lui avait fallu fuir à cheval, demi-nue, dans la nuit et la tempête, emportant le petit Menotti qui n'avait encore que quinze jours. Garibaldi finit par la rejoindre — avec combien de joie — dans un village situé sur la lisière de la grande forêt.

Ce n'était pas la première fois qu'Anita avait dû fuir ainsi. Quelques mois auparavant, ayant été faite prisonnière, on lui dit que son mari était parmi les morts. A force de supplications, elle obtint la permission de retourner sur le champ de bataille. Elle explora tous les replis du terrain, s'approcha de tous les cadavres pour les examiner. Recherche heureusement vaine ! Dès lors, elle n'eut plus qu'une pensée : se rendre libre, rejoindre l'armée républicaine, revoir celui qu'elle aime. Elle finit par se procurer un cheval et se sauva bride abattue.

Ne semblent-ils pas écrits pour elle ces vers célèbres d'Hernani :

Me suivre dans les bois, sur les monts, sur les grèves,
Soupçonner tout, les yeux, les voix, les pas, le bruit,
Dormir sur l'herbe, boire au torrent, et la nuit
Entendre, en allaitant quelque enfant qui s'éveille
Les balles des mousquets siffler à votre oreille.

Un des généraux rio-grandéens, Bento Manuel, passa à l'ennemi. Cette trahison rendit plus précaire encore la situation de l'armée.

Le Brésil fit alors parvenir une sommation au président Gonçalès qui répondit par un refus. Mais le pays, fatigué de cette lutte qui lui semblait sans issue, n'avait plus la même énergie que son gouvernement et les défections se multipliaient. Il fallut se retirer encore. La marche était rendue très pénible par la crue des eaux qui rendait les rivières difficiles à traverser. On souffrait du froid et bientôt, quand on eut quitté la région tropicale où les arbres donnent en toute saison de quoi nourrir l'homme et qu'on eut pénétré dans les forêts de la haute Sierra qui ne produisent pas de fruits d'hiver, on souffrit de la faim. C'est pendant cette dure retraite que Rossetti fut tué. Encore que Garibaldi ressentît un profond chagrin de la mort de son ami, il n'éprouva pas le découragement qui avait envahi son âme après le naufrage, car il avait maintenant près de lui une compagne dont la tendresse mettait un baume apaisant sur toutes ses blessures.

A leur entrée dans la forêt, Garibaldi et Anita possédaient une douzaine de chevaux et de mules. La plupart ne tardèrent pas à périr, et bientôt il ne leur resta plus que deux mules qui portaient leur petit bagage et deux chevaux qu'Anita montait alternativement. Chaque jour, un nouveau malheur affligeait les fugitifs. Il leur arriva de s'égarer dans la forêt et de ne retrouver le bon chemin qu'après avoir erré pendant plusieurs jours; d'où surcroît de fatigue, notamment pour les femmes et les enfants qui suivaient l'armée. On perdit beaucoup de monde, on laissa derrière soi de nombreux cadavres que dévoraient les fauves et dont les blancs squelettes, jalonnant la piste suivie, auraient pu guider l'ennemi.

Soudain le bruit se répandit qu'une tribu indigène, redoutée dans tout le Brésil à cause de sa férocité, se disposait à attaquer les blancs. La nouvelle fut bientôt confirmée par une femme qui raconta qu'enlevée jadis par les sauvages, elle s'était échappée récemment. En voyant les traits émaciés de la malheureuse, en écoutant le récit lamentable de ses tortures, on frémit. Est-ce qu'un sort pareil n'allait pas être réservé aux femmes, aux jeunes filles qui accompagnaient les volontaires rio-grandéens? L'angoisse fut bientôt dissipée. On apprit que les Indiens s'étaient heurtés à un corps d'impériaux auquel ils avaient fait subir des pertes sérieuses.

Mais si l'on évita ce péril, ce fut pour tomber dans un autre. Moringue, ce chef audacieux que nous avons déjà vu à l'œuvre, harcelait maintenant de si près l'arrière-garde, que souvent les fugitifs étaient obligés d'emporter leur rôti à moitié cuit (1). Les débris de l'armée rio-grandéenne ne purent se reposer qu'à San-Gabriel.

C'était fini. Le dernier effort avait été tenté; il fallut licencier l'armée éphémère. Garibaldi, qui depuis si longtemps n'avait plus aucunes nouvelles des siens, en profita pour se rendre à Montevideo où il comptait trouver des lettres d'Europe.

Avant de partir, il acheta un troupeau d'environ neuf cents têtes de bœufs afin de le conduire en Uruguay. Il espérait que le bénéfice de la vente lui procurerait de quoi subsister, lui et les siens, jusqu'à ce que la campagne pût recommencer... si elle devait recommencer. Mais nombre de difficultés se présentèrent en cours de route : le Rio-Negro débordé, les *vaqueros* qui volaient à qui mieux mieux, que sais-je encore! Chaque jour, disparaissaient plusieurs têtes de bétail. Bientôt, on fut obligé de se résoudre à faire abattre les trois cents bœufs, reste du troupeau, à en abandonner la chair aux oiseaux de proie et à emporter les peaux afin d'essayer d'en tirer quelques centaines d'écus. La spéculation, comme toutes celles que tenta Garibaldi, n'avait pas été brillante.

---

(1) La nourriture consistait en d'énormes quartiers de viande que l'on faisait rôtir, enfilés à une forte branche.

VII

Montevideo avait une assez nombreuse colonie italienne où Garibaldi comptait des amis dévoués. On offrit au jeune couple, riche de l'orgueil du devoir accompli, mais pauvre d'argent, une hospitalité empressée. Garibaldi, tout en acceptant l'aide de ses compatriotes, se mit en quête des moyens de gagner sa vie, et il y réussit en cumulant le métier de courtier commercial avec les fonctions de professeur de mathématiques.

La paix s'étant rétablie dans la province du Rio-Grande, il n'avait plus rien à attendre de ce pays, il n'hésita donc pas à accueillir les propositions que lui fit le gouvernement de l'Uruguay et à prendre le commandement de la *Costituzione*, frégate de guerre qui portait dix-huit canons. C'était le plus beau bâtiment qu'il eût eu, jusqu'alors, sous ses ordres.

L'Uruguay était au début d'une longue guerre. Manuel Ourives, vaincu dans sa lutte contre Fruttuoso Ribera pour la présidence de la République, avait trouvé un refuge à Buenos-Ayres où le sanguinaire dictateur Rosas s'était servi de lui, ainsi que de ses partisans pour combattre son propre adversaire, le général Lavalle.

Après avoir participé au triomphe de Rosas, Ourives lui demanda de l'aider à reprendre le pouvoir en Uruguay. Rosas accepta d'autant plus volontiers qu'il pensait ainsi pouvoir atteindre les derniers unitaires (1) retirés à Montevideo et, du même coup, abaisser la puissance d'une république rivale.

La guerre fut donc déclarée entre l'Argentine et l'Uruguay et en entrant au service de celui-ci, Garibaldi allait donc combattre pour le droit contre l'injustice, pour le faible contre le puissant, pour une république contre deux tyrans : Rosas et Ourives. Alexandre Dumas a raconté cette guerre dont les incidents romanesques étaient bien faits pour tenter sa plume.

Avant de partir, Garibaldi voulut régulariser son union avec Anita. La cérémonie eut lieu le 26 mars 1842. Pour en payer les frais, il dut vendre sa montre.

---

(1) Partisans du général Lavalle.

VIII

L'Uruguay et l'Argentine sont séparés par deux *rios* (cours d'eau) : celui de la Plata et celui de l'Uruguay son affluent; les deux capitales, Montevideo et Buenos-Ayres, situées presque en face l'une de l'autre, sont toutes deux sur la Plata. La marine semblait donc devoir jouer un rôle essentiel. L'Uruguay l'avait compris et avait fait de grands sacrifices pour s'assurer une flotte capable de lui donner la prééminence dans le Rio. Malheureusement, cette république avait alors pour ministre de la guerre un certain Vidal, lequel, soit qu'il voulût se débarrasser du souci de la marine ou d'une rivalité gênante pour son amour-propre, soit plutôt parce qu'il prévoyait que l'opération ne manquerait pas de laisser quelque profit pécuniaire dont il pourrait recueillir une bonne part, fit décider que la flotte de guerre serait supprimée. Il ne resta plus à l'Uruguay que la corvette *Costituzione*, le brigantin *Pereira* armé de deux pièces de dix-huit et le transport *Procida*. Tous les autres bâtiments avaient été désarmés, puis vendus.

Garibaldi reçut la mission aussi difficile que périlleuse de porter des munitions aux habitants de la province argentine de Corrientes révoltée contre Rosas et alliée de l'Uruguay. Pour cela, il fallait remonter le rio du Parana ou celui de l'Uruguay.

Peu après le départ, la *Costituzione* s'échoua à marée basse. Afin de la remettre à flot, on dut l'alléger et transborder sur le *Procida* tous les objets lourds. Ce travail était à peine achevé que la flotte ennemie fit son apparition. Le *Pereira* était seul en état de combattre, autant dire que la résistance était impossible et qu'on ne pouvait même pas sauver l'honneur. Les Argentins s'avançaient en bel ordre, lentement, comme des gens qui escomptent une victoire certaine quand, soudain, leur navire amiral, le *Belgrano,* s'échoua à son tour, à deux portées de canon de l'ennemi. L'incident était presque comique. Il donna le temps à la *Costituzione* de se remettre à flot, de réembarquer artillerie et matériel, et, cachée par un épais brouillard, de s'éloigner sans encombres. Décidément, la Providence protégeait le futur libérateur de l'Italie ! On remonta le Parana. Mais, nouveau danger, les pilotes désertèrent. On eut beaucoup de peine à s'en procurer d'autres et l'on dut les garder de force. D'autres difficultés se présentèrent dont le souvenir fit écrire à Garibaldi, dans ses mémoires, que cette entreprise avait été l'une des plus malaisées de sa vie.

Cependant la fortune lui demeura constamment fidèle; les boulets que lui envoyaient les batteries argentines n'atteignaient point ses navires. Il rencontra enfin la flottille du Corrientes qui, bien que n'ayant pas une grande valeur intrinsèque, pouvait rendre les plus grands services en raison de la connaissance parfaite du pays qu'avaient ses équipages et aussi du faible tirant d'eau de chacune de ses chaloupes. On continua, après jonction, de remonter le rio.

Les eaux du Parana étant cette année-là exceptionnellement basses, la *Costituzione* ne put bientôt plus poursuivre sa navigation. Il fallut s'arrêter et Garibaldi se prépara à l'inévitable combat dans lequel ses trois bâtiments allaient se heurter à des forces très supérieures. Il fortifia les rives, puis avec ses navires et des bateaux de commerce qu'il avait capturés, établit un barrage dans le fleuve. Il finissait de prendre ses dispositions de combat quand l'ennemi parut, sous le commandement de l'amiral Brown, un Anglais qui avait acquis une grande et légitime célébrité dans la guerre de l'Indépendance américaine contre l'Espagne.

Le combat commença le 15 juin 1842 au matin. Cette première journée se passa sans trop de dommage pour la petite flotte, car le vent ne favorisa que par intermittences les navires argentins auxquels un côté du fleuve était impraticable par suite du manque de fond.

Le 16, avant le lever du soleil, l'amiral Brown débuta par une canonnade très violente à laquelle les Uruguayens ne pouvaient répondre que par le feu de quelques-unes de leurs pièces, les autres n'ayant pas une portée suffisante. Le chef argentin n'ignorait pas cette particularité et c'est pourquoi, au grand regret de Garibaldi qui aurait préféré un brillant combat corps-à-corps, il ne s'approchait pas, se contentant de veiller à rectifier le tir de ses canons ; aussi morts et blessés étaient-ils nombreux parmi les Uruguayens. Criblée de boulets, la malheureuse *Costituzione* faisait eau de tous côtés, et les matelots exténués étaient obligés de se relayer aux pompes. Cependant, comme il restait de la poudre, on pouvait du moins combattre pour sauver l'honneur. La nuit n'apporta pas de repos ; il fallait sans cesse pomper, préparer de nouvelles cartouches et couper les chaînes en morceaux pour en faire des balles. Durant cette nuit, la flottille du Corrientes prit la fuite.

La canonnade recommença le 17 avant l'aube. Garibaldi y répondait de moins en moins; les cartouches qu'on fabriquait à mesure étaient faites avec des mélanges de poudre inférieure et d'autre part les seules balles qu'on possédait étant de trop faible calibre, le tir manquait de justesse; enfin, les morceaux de chaîne converties en mitraille ne pouvaient servir que dans un combat rapproché : elles ne produisaient aucun effet à la distance où l'amiral Brown maintenait ses bâtiments. Il n'y avait d'autre parti à prendre que de battre en retraite après avoir abandonné les bateaux devenus inutilisables. Seule la goélette *Procida* était encore en état de naviguer et son faible tirant d'eau lui permettait de remonter le Parana. On lui confia les blessés ainsi que le matériel. Pour protéger sa retraite, Garibaldi lutta encore quelques heures. Puis, il décida de mettre le feu à ses navires.

Afin de les rendre plus combustibles, il ordonna de défoncer les nombreux barils d'eau-de-vie qu'on avait trouvés sur les prises. Aussitôt, une partie de ses hommes se précipita et se mit à boire. Vainement les anciens soldats, qui avaient déjà fait avec Garibaldi la campagne du Rio-Grande et qui étaient plus disciplinés, essayèrent-ils d'intervenir, beaucoup de ces malheureux furent brûlés vifs. En cet instant, où pour la seconde fois Garibaldi mettait le feu à son navire plutôt que de le rendre, il dut évoquer le souvenir de cet autre incendie où furent consumés non point des gens ivres-morts mais les cadavres de ses compagnons tués les armes à la main. Les poudres ne tardèrent point à s'enflammer et les navires sautèrent, forçant l'amiral Brown à s'éloigner et permettant aux vaincus de battre en retraite sans être inquiétés.

IX

Les troupes de l'Uruguay et du Corrientes que commandait Ribera ayant été mises en complète déroute à l'Arroyo Grande (6 décembre 1842), Ourives marcha sur Montevideo. Le patriotisme suscita alors de beaux dévouements. Il ne s'agissait plus de combattre pour tel ou tel président, mais de sauver l'indépendance même de la patrie, et les ambitions personnelles furent un instant oubliées. Le général Paz, que la jalousie avait fait écarter et qui était le meilleur ainsi que le plus probe des chefs du Sud-Amérique, fut rappelé et reçut le commandement en chef. A l'incapable et malhonnête Vidal succéda comme ministre de la guerre un intelligent et valeureux soldat, le général Pacheco. Enfin, le président Ribera comprit qu'il devait s'effacer : il se consacra à la guerre de surprise, où, d'ailleurs, il excellait. Le cruel Ourives arriva aux portes de la capitale le 16 février 1843, mais, occupé à piller, il n'attaqua pas immédiatement et donna ainsi le temps de préparer la défense.

Au premier rang des volontaires figuraient

des Français et des Italiens. La légion française comprenait plus de 2,000 hommes; les Italiens, dont la colonie était cependant plus importante, ne fournirent que 500 à 700 soldats. Sous les ordres de Garibaldi, ils ne tardèrent pas à se couvrir de gloire.

Ces guerres sud-américaines se ressemblent toutes dans leurs péripéties principales. Aussi m'exposerais-je à des redites, si après avoir parlé avec détails de la campagne du Rio-Grande, je voulais suivre la légion italienne durant le conflit qui mit aux prises les républiques argentine et uruguayenne. Je me bornerai à mentionner le combat de San Antonio (6 février 1846) qui mérite d'être comparé aux plus brillants faits d'armes de notre armée d'Afrique.

Surpris dans le haut Uruguay par des forces supérieures, Garibaldi avait dissimulé une partie de ses troupes derrière chacun des reliefs du terrain et divisé le reste en trois petites sections de réserve qu'il cacha dans une maison abandonnée ; il avait massé sur la droite sa cavalerie dont un certain nombre d'hommes armés de carabines mirent pied à terre. Si en ce moment les Argentins avaient tenté un assaut ils eussent emporté la position. Mais leur général manqua d'initiative ; son infanterie s'avança lentement sur une seule ligne, s'arrêtant pour faire des feux de salve et reprenant ensuite sa marche. Quand elle ne fut plus qu'à quelques pas des légionnaires, ceux-ci commencèrent un feu de tirailleurs meurtrier qui décontenança les Argentins. En même temps, les trois sections de réserve chargèrent avec impétuosité et mirent l'infanterie ennemie en complète déroute. Dès lors et bien que les cavaliers uruguayens eussent presque tous pris la fuite, la victoire n'était plus douteuse. Abrités par de véritables remparts de cadavres, les légionnaires tiraient sans cesse, se réapprovisionnant avec les cartouchières des morts et ils eurent ainsi raison des charges assez vigoureuses pourtant de la cavalerie. Il était 9 heures du soir et l'on se battait depuis le matin. Garibaldi fit sonner la retraite. On emporta les blessés tandis que les hommes valides se retiraient par échelon sans cesser de tirer. Ils gagnèrent ainsi l'abri de la forêt. Vers minuit ils étaient rentrés à Salto qu'ils avaient quittée le matin.

Dans cette rencontre, Garibaldi n'avait pu opposer à plus de 900 cavaliers et de 300 fantassins qu'une centaine de cavaliers uruguayens qui, pour la plupart, prirent la fuite et que 186 légionnaires dont 37 furent tués, dont un nombre plus considérable fut mis hors de combat. Presque tous les officiers avaient été atteints et Garibaldi eut un cheval tué sous lui. Le lendemain dans un ordre du jour il déclara qu'il « ne donnerait pas son titre de légionnaire italien quand on lui offrirait *le globe terrestre en or (sic)* ». De son côté le gouvernement uruguayen décréta « que les combattants de San-Antonio avaient bien mérité du pays ». Et l'amiral français Lainé écrivit à Garibaldi : « Je vous félicite, mon cher général, d'un fait d'armes, dont se seraient enorgueillis les soldats de la Grande Armée. »

La légion italienne rendait d'autant plus de services qu'elle constituait un excellent corps d'infanterie et que précisément l'infanterie était un élément dont manquaient les armées sud-américaines. L'habitant de ces régions est un homme de cheval merveilleux d'une bravoure à toute épreuve, ne craignant ni la fatigue, ni la souffrance : ce n'est pas un fantassin (1).

Toutes les qualités du soldat sud-américain sont annihilées par son indiscipline. Pendant cette campagne les Uruguayens le prouvèrent une fois de plus. Après avoir montré contre l'envahisseur le plus généreux élan, ils ne tardèrent point à se lasser en voyant que la lutte se prolongeait. Les ambitions égoïstes se donnèrent de nouveau libre essor. Ribera aspirait pour la seconde fois à la présidence. Ses in-

---

(1) Il manie très habilement les *bollas* (sorte de couteaux) qu'il porte toujours à sa ceinture, sait les lancer avec une adresse étonnante, de manière à couper le jarret au cheval de son adversaire et quand celui-ci est tombé, il l'égorge sans pitié. Aussi les déroutes donnent-elles lieu à de regrettables scènes de carnage.

trigues occasionnèrent des troubles et éloignèrent les meilleurs défenseurs de la patrie. Le général Ourives en profita. Il reprit l'avantage, si bien que Montevideo demeura, comme il l'avait été quelques années auparavant, le dernier boulevard de l'indépendance uruguayenne.

Il y eut alors un réveil de patriotisme ; on réorganisa les légions française et italienne. Garibaldi fut pendant un moment général en chef de la République, mais il ne tarda pas à se démettre de ce commandement et à quitter l'Amérique.

Il venait d'apprendre, en effet, qu'un grand mouvement libéral se dessinait en Italie, mouvement dont l'élection de Pie IX qui avait fait concevoir tant d'espérance semblait avoir été le prodrome. Les patriotes italiens réfugiés en Uruguay crurent que l'heure de l'indépendance allait sonner. Eux qui venaient d'exposer leur vie, de supporter tant de fatigues pour des causes analogues mais qui n'étaient pas la leur, ne pouvaient pas supporter l'idée que là-bas dans la chère Italie, on triompherait sans eux. Toute la colonie souscrivit afin de fréter un brigantin auquel on donna le nom symbolique de *Speranza*. Le 15 avril 1848, Garibaldi s'y embarqua avec 63 légionnaires.

DEUXIÈME PARTIE

POUR L'INDÉPENDANCE ITALIENNE !

I

Peu après avoir passé le détroit de Gibraltar, la *Speranza* rencontra un brick piémontais. On sut par lui que Palerme, Milan, Venise avaient chassé l'étranger. Un enthousiasme indicible transporta les patriotes qui, pleurant de joie, se précipitèrent dans les bras l'un de l'autre. Tel était leur désir de participer à la victoire de la sainte cause qu'ils avaient une sorte de crainte que le succès fût trop rapide et les empêchât de dire plus tard : « Nous en étions ! » A Nice, Garibaldi retrouva sa femme et ses enfants partis d'Amérique depuis quelques mois. Il serra dans ses bras sa vieille mère qu'il n'avait pas vue depuis quatorze ans. Mais hélas ! quelqu'un manquait à cette douce réunion de famille : Domenico était mort en 1841.

Le renom de la Légion était parvenu en Europe et l'on faisait fête aux héros. Mais ce n'était pas pour être acclamés que Garibaldi et ses compagnons avaient quitté la république orientale avant la fin de la guerre. Hâtivement ils se rendirent à Gênes où les mazziniens voulurent les détourner de s'enrôler dans l'armée piémontaise ; Garibaldi resta sourd à leurs objurgations. Il estimait, en effet, que lorsqu'il s'agit d'assurer l'indépendance nationale on n'a pas le droit de marchander son concours au gouvernement de son pays, et que l'idée de patrie domine toutes les autres. Charles-Albert était le chef de ceux qui se battaient pour l'Italie : il irait se mettre à ses ordres.

Depuis 1813, la situation politique de l'Italie était la suivante :

Au nord, la monarchie sarde et le royaume lombard-vénitien ; au centre, les duchés de Parme, de Modène et de Lucques, le grand-duché de Toscane et les Etats pontificaux ; au sud, le royaume de Naples et des Deux-Siciles.

Les Etats du roi de Sardaigne comprenaient, outre l'île qui leur donna son nom, un solide quadrilatère composé de la Savoie, du comté de Nice, du Piémont, de l'ancienne république de Gênes et d'une partie de l'ancien duché de Milan. Le royaume lombard-vénitien — y compris le Tyrol, le Trentin et Trieste — était moins vaste, mais aussi peuplé que le royaume de Savoie ; dépendant de la monarchie autrichienne il était gouverné par un vice-roi qui résidait tour à tour à Milan et à Venise. Par son importance territoriale et par le chiffre de sa population, le grand-duché de Toscane ne jouait qu'un rôle secondaire, mais son long passé historique n'était pas évanoui, Florence était toujours un grand nom, une métropole de la pensee. La Toscane était quelque peu, selon le mot de Lamartine, « l'oasis de l'Europe ». Les Etats pontificaux, qui comprenaient jusqu'à Bologne et Ferrare, avaient une superficie presque égale à celle des Etats sarde et lombard-vénitien réunis, mais leur population n'était pas très nombreuse et leur gouvernement était le plus mauvais de toute l'Italie, encore que le royaume de Naples et des Deux-Siciles, le plus grand et le plus peuplé des Etats italiens, lui disputât la suprématie de l'ignorance et de la détestable administration. Le Bourbon qui y régnait faisait toujours cause commune avec Rome et l'Autriche.

La Sainte-Alliance, « cette mutualité des rois » qui s'était chargée de faire la police de l'Europe, se flattait sans doute d'avoir, dans la péninsule plus qu'ailleurs, supprimé jusqu'au souvenir même de la liberté. Mais la liberté ne se proscrit pas, et ceux qui croient travailler contre elle voient les armes dont ils se sont servis les blesser bientôt eux-mêmes. Les Bourbons avaient dans le royaume de Naples excité le carbonarisme contre Murat. Véritables commis voyageurs en troubles, les carbonari qu'animaient l'amour de la liberté et la passion de l'unité italienne se retournaient aujourd'hui contre les Bourbons et leurs alliés. On avait supprimé les républiques de Venise et de Gênes, mais en incorporant cette dernière au Piémont on avait donné à ce pays une force dont un jour il devait se servir au profit de l'indépendance.

En attendant c'étaient les conspirations qui entretenaient partout le sentiment national. Enumérer ne fût-ce que les principales, m'entraînerait trop loin. Je citerai seulement celle des Bandiera.

Les frères Bandiera étaient fils d'un amiral vénitien au service de l'Autriche et eux-mêmes faisaient en qualité d'officiers partie de l'armée navale autrichienne. Mazziniens convaincus, leurs cœurs ne brûlaient que pour l'unité. Ils pensèrent qu'un coup de main pouvait être facilement tenté en Sicile et projetèrent d'y opérer une descente avec leur frégate. Dans ce but, il suffisait de gagner à la cause de l'indépendance la majeure partie de l'équipage composé d'Italiens. Mais le complot fut découvert et les Bandiera eurent juste le temps de fuir. Les deux frères changèrent alors d'objectif et organisèrent une expédition en Calabre. Un traître les ayant dénoncés, ils furent surpris ainsi que leurs amis par la police.

Après une lutte courageuse, six d'entre les conjurés furent tués; les quatorze autres, plus ou moins grièvement blessés, furent faits prisonniers et condamnés à mort. Cinq seulement obtinrent une commutation de peine. L'exécution des neuf malheureux, dont plusieurs étaient si jeunes qu'on les eût pris pour des enfants, fut très dramatique. A l'officier qui commandait le piquet, ils n'adressèrent qu'une demande : mourir debout et sans avoir les yeux bandés. Comme les soldats hésitaient à tirer : « Soldat moi-même, leur dit l'aîné des Bandiera, je sais que les soldats doivent obéir. Tirez donc et visez au cœur. » Un grand cri retentit : « Vive l'Italie ! » Ils tombent. Six sont morts, trois ne sont que blessés et on est obligé de recharger les armes pendant qu'un nouveau cri plus faible, non moins fervent se fait entendre.

En Italie où les princes n'étaient considérés que comme d'odieux préfets de l'Autriche, on pense avec quelle joie fut accueillie la Révolution française de 1830 et la déclaration de Laffitte, président du conseil : « Le gouvernement ne tolérera aucune intervention étrangère contre un peuple. » Dans Modène, Siro Menotti releva aussitôt le drapeau tricolore. Parme, Bologne suivirent l'exemple. Mais rien ne pouvait réussir à moins que le Piémont — seul Etat italien qui fût libre — ne prît la direction du mouvement. Or, pour l'instant, le Piémont ne songeait pas à venir au secours des insurgés, loin de là. La noblesse piémontaise s'était enthousiasmée pour Polignac et lui avait même envoyé un message de félicitations qui parvint trop tard et que Laffitte reçut. Charles-Albert, prince héritier, était acquis aux idées libérales, mais obligé de s'imposer une grande réserve. Sa sympathie demeurait purement platonique. Sur ces entrefaites, Laffitte mourut emporté par le choléra et son successeur n'adopta pas le principe de non-intervention. Le mouvement italien fut écrasé.

Il n'avait de défense qu'au sein des sociétés secrètes dont les adhérents augmentaient de nombre et devenaient de jour en jour plus audacieux. Enfin, Charles-Albert monta sur le trône de Piémont. Malgré qu'il fût encore tenu à beaucoup de prudence, il se donna pour but, dès son avènement, de préparer, grâce à une sage administration, les moyens de lutter contre l'Autriche. En même temps, Mazzini le théoricien de l'Unité, fondait la *Jeune Italie,* et un fait important se produisait : l'élection de Pie IX que les circonstances rendaient très significative.

II

Depuis 1789, la démocratie s'est dressée en face de l'absolutisme et la cause des peuples a engagé la lutte contre celle des rois. Notre Révolution de Juillet fut une date favorable aux peuples. Mais, ainsi que l'a fait remarquer fort justement le professeur italien Diego Soria, « Louis-Philippe voulant se faire pardonner par les rois de l'Europe une couronne qu'ils lui reprochent d'avoir usurpée, leur offre en échange de son crime, la liberté de tous les peuples : service magnifique que lui seul peut rendre comme souverain de cette même France sur laquelle se reposent tous les peuples de l'Europe ».

L'enthousiasme de la jeunesse n'accepta pas une telle abdication. Les sociétés secrètes se multiplièrent. Il y en eut de puissantes, d'inoffensives, de sérieuses et de ridicules ; mais toutes contribuèrent à répandre certaines théories dans le public, voire même dans la bourgeoisie qu'on avait coutume alors de regarder comme la négation du libéralisme.

Quant à nos poètes, il n'y en eut pas un qui

ne chantât la Grèce et l'Italie — l'Italie surtout, cette voisine dont il était de mode d'apprendre la langue et de visiter les villes illustres. On s'indignait que le gouvernement français se désintéressât de son sort. Après 1848, le lyrisme déborde : « Ce que nous voyons, s'écrie Geruzez, est révolution et révélation tout ensemble... Les révolutions sont d'origine divine. La nôtre, qui vient de s'accomplir au profit du genre humain, a eu pour instrument le peuple armé de la force invincible de Dieu. Ne l'oublions jamais. Pour n'avoir rien à craindre de Dieu, il faut que tout le monde se courbe devant Dieu ; pour n'avoir rien à craindre du peuple, il faut que tout le monde soit peuple, là est la vérité, là est le salut... »

Une sorte de fièvre gagna l'Europe entière.

Berlin eut ses « journées de mars », et ses victimes que le roi dut venir saluer respectueusement après avoir éloigné les troupes qui les avaient bombardées et après avoir écarté le « prince Mitraille » le futur Guillaume Ier. A Vienne, pendant les 18, 19 et 20, beaucoup de sang coula et Metternich, le plus ferme soutien du despotisme, le véritable maître de l'Autriche, l'inspirateur depuis 1815 de la politique de réaction dans toute l'Europe, Metternich fut obligé de fuir.

Comme on le pense, la grande asservie, l'Italie voulut profiter de l'heure qui semblait favorable. Dès le 20 mars, Milan était en rébellion et Venise rendait à la république de Saint-Marc une existence qui devait être courte et tourmentée mais glorieuse. A la voix de ses deux métropoles, toute la Haute-Italie se soulève et le mouvement se propage; bientôt Parme, Modène, rejettent leur Habsbourg, la Toscane conquiert une constitution, Rome frémit, la Sicile tente de chasser les Bourbons et le roi de Sardaigne Charles-Albert se déclare le champion de l'indépendance italienne.

Depuis deux ans son gouvernement était dans les plus mauvais termes avec l'Autriche, laquelle s'indignait que l'on songeât à restreindre l'hégémonie impériale en Italie et blâmait hautement le Statut qui plaçait la maison de Savoie au premier rang des monarchies libérales.

Dans sa noble proclamation (1) aux peuples qu'il veut libérer, Charles-Albert revendique les trois couleurs vert, blanc et rouge, symbole de la liberté de l'Italie : « Pour exprimer en signes éclatants et visibles les sentiments de l'union italienne, nous voulons que nos troupes, en entrant sur le territoire de la Lombardie et de la Vénétie, portent l'écu de Savoie sur la bannière tricolore italienne. »

(1) 23 mars 1848.

III

La guerre fut déclarée. Cette lutte du petit royaume de Piémont contre l'immense empire des Habsbourg était, en réalité, moins disproportionnée qu'on n'eût été tenté à première vue de le supposer, car la puissance autrichienne en Italie était singulièrement ébranlée. Il est facile de s'en convaincre par les témoignages émanés du parti même des Autrichiens, tels que celui que nous fournissent les mémoires d'un de nos compatriotes, le comte Georges de Pimodan, major dans la cavalerie austro-hongroise.

Les actes de cruauté commis par les troupes impériales leur aliénaient chaque jour davantage la population. Ainsi à Castelnuovo, pour punir les habitants qui avaient accueilli fraternellement les volontaires italiens, on mit le feu au bourg et on repoussa à coups de fusil les malheureux qui fuyaient l'incendie ; près de cinq cents périrent. J'ai retrouvé un récit de cette affaire rédigé par un officier autrichien : « De toutes les maisons, écrit-il, cinq seulement, qui étaient isolées, avaient encore leur toit ; toutes les autres étaient brûlées, les décombres fumaient encore. Les rues étaient pleines de cadavres, hommes, femmes et enfants à demi rôtis, que mangeaient les chiens du voisinage attirés par l'odeur, c'était un spectacle horrible. Près de l'église une femme raidie par la mort était étendue sur le dos ; ses cheveux blancs trempaient dans une mare de sang, et sa main tenait encore la main d'une toute jeune fille dont la flamme avait consumé les vêtements. Singulière sensibilité que celle des soldats ! Pendant que le massacre commençait à la lueur de l'incendie, et qu'ils perçaient à coups de baïonnette ceux de nos déserteurs qu'ils venaient de prendre les armes à la main combattant contre nous, voilà qu'une petite chèvre blanche s'échappe dans la rue ; aussitôt on la prend, on la porte à l'écart pour qu'il ne lui arrive pas de mal et chacun de la caresser, de lui chercher de l'herbe fraîche. C'était une gentille petite bête ! vraiment il faudrait n'avoir pas de cœur pour lui faire du mal ! disaient ces hommes dont les mains étaient rouges de sang. »

En Lombardie comme en Vénétie l'exaspération était à son comble : « Mort au chien ! mort à l'Allemand ! » criait-on, quand passait un officier autrichien. Une dame de l'aristocratie lombarde portait ostensiblement en médaillon le portrait de Pie IX et des nœuds de rubans tricolores. Une autre, croisant dans les rues de Milan un officier prisonnier, le traitait de valet de bourreau et crachait sur son uniforme. Une jeune fille dans un grand dîner refusait en ces termes un plat qu'on lui présentait : « Non, merci, je n'ai plus faim ; si pourtant c'était le cœur d'un Croate, je le dévorerais tout entier. »

Les officiers autrichiens guerroyaient pour le plaisir. « C'est une guerre charmante, note un officier d'ordonnance de Radetzky, un duel élégant entre gens courtois et bien élevés, la campagne est parée de fleurs, l'air embaumé, et, le soir d'un jour de combat, assis sur les coussins de velours du salon de quelque élégant palais, nous respirons l'air frais de la nuit, écoutant les chants nationaux de nos soldats et prenant des sorbets dans des coupes de cristal. Nous vivons dans l'abondance et la joie. Le jeu, le vin, les femmes, tout est là pour qui veut s'étourdir. Nos soldats sont bien nourris, bien vêtus, bien payés, et nous, gais et insouciants comme de vrais lansquenets, nous ne rêvons plus que combats et sanglantes mêlées : ce sont là nos plaisirs et nos fêtes. » Quant aux soldats venus de tous les points de cet immense empire, ils savaient à peine contre qui et pourquoi ils se battaient.

Bien différents étaient les sentiments du peuple italien. Bourgeois qui, avant les hostilités déclarées, insultaient déjà l'Autrichien de leurs démonstrations guerrières, de leurs cocardes et de leurs écharpes tricolores ; volontaires qui, ayant souffert terriblement de l'envahisseur, préféraient mourir plutôt que de retomber sous le joug ; officiers qui avaient ressenti profondément les humiliations de l'honneur italien ; Mazziniens qui rêvaient l'Unité — tous éprouvaient l'émotion quasi religieuse de ceux qui partent pour la guerre sainte.

Ajoutons que l'empereur se débattait au milieu d'agitations anarchiques, que le gouvernement était faible et irrésolu à ce point que dans l'armée autrichienne beaucoup croyaient qu'on renoncerait volontairement à la Lombardie-Vénétie. Au contraire, le Piémont avait une armée, de l'argent et la promesse de renforts venant de toutes les provinces de la péninsule.

On voit, par ces quelques indications, que les chances pouvaient fort bien se discuter.

IV

Dans l'histoire du *Risorgimento* italien, Charles-Albert joua le rôle du précurseur. Il semble bien qu'il l'ait compris et s'y soit résigné avec une mélancolie toute mystique. Le journal où il notait quotidiennement ses pensées et qui reflète les préoccupations de son ardent patriotisme porte cette épigraphe : *Ad majorem Dei gloriam.* Le roi de Piémont ne crut jamais qu'il verrait le triomphe de la cause à laquelle il s'était dévoué et cela constituait une faiblesse ; mais il n'en avait pas moins apporté tous ses soins, tout son zèle à préparer le succès, « thésaurisant par avance, en avare, la rançon de l'Italie », renforçant son armée, ayant su, malgré l'opposition rétrograde de la plupart de ses conseillers, apporter des réformes essentielles dans l'administration, ayant enfin, par la proclamation du Statut, placé résolument le Piémont à la tête de l'Italie.

Ce fut à Roverbella, quartier général de l'armée sarde, que Garibaldi alla voir ce roi qui l'avait condamné à mort quinze ans auparavant.

Il en fut très courtoisement accueilli ; mais Charles-Albert n'osa ou ne voulut pas lui donner de réponse (1). Garibaldi partit alors pour Milan où le gouverneur provisoire de la Lombardie lui avait laissé à entendre que ses services seraient les bienvenus.

Ainsi Charles-Albert, ce roi qui restera comme l'instigateur de l'indépendance nationale, et Garibaldi qui en fut le champion ne collaborèrent point. Ils se quittèrent à Roverbella pour poursuivre, chacun de son côté, la réalisation de leur commun rêve.

*
* *

Habitué aux révolutions, Garibaldi comprit dès son arrivée à Milan que, malgré leur bonne volonté, ceux qui étaient à la tête de la patriotique cité n'avaient pas l'énergie nécessaire. Ne partageant pas leurs idées et sentant qu'on l'admirait, sans néanmoins sympathiser avec lui, il fut heureux de s'éloigner et d'accepter d'organiser un corps dans le Bergamasque. Bien

---

(1) Le général autrichien d'Aspre parlant quelque années plus tard de Garibaldi avec lequel, il avait eu occasion de lutter, dit à un haut personnage piémontais : « L'homme qui vous aurait puissamment aidés, vous l'avez méconnu ; c'était Garibaldi. » Et le ministre de la Guerre La Marmora avouera de son côté que l'on a commis. en l'écartant, plus qu'une erreur.

que les éléments qu'on lui avait donnés fussent franchement mauvais, il se mit résolument à l'œuvre.

Les Italiens du Nord avaient cru que la retraite de Radetzky était définitive. Ils n'eurent pas la sagesse de comprendre que la lutte ne faisait que commencer et qu'il fallait pour triompher se serrer étroitement autour de Charles-Albert. Celui-ci, de son côté, laissa échapper l'occasion de détruire l'armée autrichienne avant que Radetzki n'en concentrât les éléments épars et n'en organisât la retraite. Les renforts attendus de l'Italie centrale n'arrivaient pas. Le maréchal autrichien était un tacticien des plus habiles ; vaincu dans les premières rencontres, il terminait la campagne sur le champ de bataille de Custozza où l'état-major piémontais commit les plus lourdes erreurs militaires et rendit inutile tout l'héroïsme dépensé à l'heure même où la révolte de la Hongrie allait seconder l'insurrection de l'Italie.

La nouvelle de cette défaite et l'armistice qui la suivit arrêtèrent un corps de 3,000 volontaires dont faisait partie Garibaldi et qui était en marche pour rejoindre l'armée. A la tête de ses fidèles, Garibaldi se décida alors à gagner, pour y attendre les événements, la région située au delà de Côme.

Chemin faisant, il rencontra Mazzini. Ils firent route ensemble, puis se séparèrent — Mazzini gagnant la Suisse avec ses amis, tandis que Garibaldi continuait sa route, décidé le cas échéant à profiter de la nature montagneuse du pays pour entreprendre une guerre de partisans.

Il fut bien accueilli à Côme, mais la ville ne pouvant espérer résister aux Autrichiens il gagna San-Fermo. Malheureusement sa troupe diminuait chaque jour, beaucoup d'hommes jugeant l'entreprise chimérique et trouvant plus sage de passer en Suisse. « Nous errions à travers les montagnes, raconte Garibaldi, recueillant les armes de nos déserteurs et obligés de réquisitionner des véhicules pour les emporter ; cela rendait notre marche encore plus difficile. Bientôt nous ressemblâmes plus à une caravane qu'à un corps de troupes. » Il se résolut alors à passer en Piémont.

La paix fut signée. Furieux qu'on eût abandonné la Lombardie, il réunit tout ce qu'il trouva d'hommes, et, muni de deux canons de campagne, gagna les bords du lac Majeur, s'empara de deux bateaux à vapeur, traversa le lac, prit contact à Luino avec des forces autrichiennes bien supérieures et leur infligea un échec. Une guerre de surprises semblable à celle dont il avait acquis l'expérience en Amérique pourrait-elle donc s'entreprendre ? Cette perspective enchanta le vainqueur de San-Antonio. « Il y a longtemps, raconte-t-il, que je nourrissais l'idée d'amener mes compatriotes à la guerre de partisans, estimant qu'à défaut d'une armée régulière, seule elle pourrait préparer la libération de la patrie, en favorisant l'armement graduel de tout le pays. »

Mais la capitulation de Milan, la retraite de l'armée piémontaise, la dispersion des corps volontaires avaient abattu les courages et laissé libre carrière à l'Autriche, qui augmenta les troupes opposées à Garibaldi. Pour leur échapper, celui-ci était obligé de se déplacer sans cesse, disparaissant d'un point pour reparaître dans un autre où on ne l'attendait pas. Malheureusement, les paysans ne lui prêtaient pas le concours sur lequel il se croyait en droit de compter et l'ennemi, par le nombre de ses détachements et l'habileté de ses manœuvres, ne lui laissait aucune possibilité de tenter des coups de main. Mazzini lui avait promis des renforts et ne les lui avait pas envoyés. Son adresse, son énergie, son endurance, son héroïsme ne réussissaient qu'à lui permettre d'échapper aux poursuites. A Morazzone, une trahison le fit tomber dans une embuscade.

Un terrible combat de nuit s'engagea et l'ennemi fut repoussé. Les garibaldiens se barricadèrent dans le village ; mais les Autrichiens ayant mis, en se retirant, le feu aux maisons, il fallut se replier à travers un pays qu'on connaissait mal et en emmenant des blessés.

Garibaldi n'avait pas d'autre moyen de salut que de franchir la frontière suisse, d'où il se rendit en France, puis à Nice.

Après quelques jours, il partit pour Gênes avec Anita.

V

Charles-Albert avait écrit dans son enfance : « Je le sens, jusqu'à mon dernier soupir, mon cœur battra au nom de la patrie et de son indépendance. J'en suis responsable devant Dieu et devant les hommes. » Fidèle à cette pensée directrice de toute sa vie, il voulut recommencer la lutte dès qu'il eut repris haleine après Custozza. Sans grand espoir, semble-t-il, mais résolu et brave, il signifia, le 12 mars, à l'Autriche, la rupture de la trève. Le 20 les hostilités recommencèrent. Le 23 eut lieu la défaite de Novare. Charles-Albert chercha la mort qui ne voulut pas de lui. Quand le dernier coup de canon eut été tiré, il embrassa ses fils, abdiqua et s'éloigna. Je ne connais rien de plus pathétique que cet instant et que les dernières heures vécues par le roi au pays de ses aïeux.

Un vieux brave, le général Olivieri, qui commandait la division de Nice, encore italienne, a laissé de son entrevue suprême avec son maître un émouvant récit que j'ai été assez heureux pour retrouver. Le voici :

« Il était près de six heures du matin, j'étais couché ; on frappe à ma porte et avant même que j'eusse pu répondre, je vois pâle, les vêtements couverts de poussière, entrer le courrier du roi. Chaque jour nous attendions des nouvelles, le cœur serré, la fièvre dans le sang. L'arrivée subite de cet homme, que je reconnus aussitôt, m'épouvanta malgré moi, sa pâleur me glaça, je me sentis froid jusqu'au cœur, et je sautai à bas de mon lit. « Qu'y a-t-il donc, lui dis-je, en m'habillant à la hâte. — Excellence, me répondit-il d'une voix basse, en se rapprochant, comme s'il eût craint que ses paroles pussent être entendues par d'autres que par moi, Sa Majesté m'envoie vous chercher. — Oh ! mon Dieu ! répétais-je machinalement en m'habillant plus vite encore, le roi ! le roi, ici ! — J'ai laissé Sa Majesté au couvent de Laghet. » Je n'osais lire dans ma pensée. « Me voici, » dis-je au courrier deux minutes après.

« Et tous deux nous descendîmes l'escalier. Je ne sais vraiment comment j'étais habillé, mais je vous assure que je n'y pensais pas dans ce moment-là. Selon les instructions que j'avais reçues, je passai chez l'intendant général pour prendre un passeport au nom du comte de Barge. Nous rencontrâmes le roi sur la route, au pied du Mont-Gros. Je me précipitai hors de la voiture et aussitôt qu'il m'aperçut, il me tendit les bras, en entr'ouvrant un instant le manteau qui l'enveloppait. A l'expression de sa physionomie, à son regard morne et abattu, je devinai tout. « Sire... murmurai-je, en saisissant à la fois ses deux mains et en m'inclinant sur elles. — Mon pauvre général, dit-il, d'une voix résignée, mais profondément triste, tout est fini ; le rêve s'est évanoui. » Sa Majesté me releva doucement et ajouta : « Je n'ai pas voulu partir, mon vieux camarade, sans vous serrer la main. — Partir, sire !... vous partez !... Et où allez-vous donc ? — Je n'en sais rien ; que m'importe ! Y a-t-il pour moi maintenant quelque chose ? — Mais vos enfants, sire, mais nous tous qui vous aimons comme un père. — Mes enfants, reprit le roi toujours de cette même voix triste, dans laquelle il y avait, avec une profonde amertume, un cachet d'immuable décision, je les ai embrassés à Novare pour la dernière fois. Que Dieu qui est bon, les protège et veille sur eux ! Les boulets n'ont pas voulu de moi ; c'est un malheur. Mais Charles-Albert est mort... bien mort. »

« Il appuya sur ces deux mots, comme s'il eût eu le pressentiment de sa fin prochaine ; puis, secouant la tête, il ajouta plus bas : « Hélas ! tout est donc fini. Dieu l'a voulu. Je suis résigné ; je viens de prier au couvent de Laghet, Dieu m'a donné du courage. » Et s'enveloppant dans son manteau, il se rejeta dans le fond de la voiture. Les chevaux partirent au galop. Toujours j'aurai devant les yeux ce visage calme en apparence, sur lequel cette fatale journée s'était pour ainsi dire gravée. Il me sembla que ses cheveux avaient blanchi et que son corps s'était voûté sous ce fardeau de misère que lui envoyait la volonté du Ciel ainsi qu'il le répétait à chaque instant. Pauvre roi, pauvre Charles-Albert !... Lui que j'avais vu si puissant, dans sa volonté, si confiant dans sa foi aveugle en la destinée de son pays. C'est au pont du Var que nous devions nous séparer. Sa Majesté se pencha un peu en dehors de la voiture, me serra une dernière fois la main. Il avait raison, nous ne devions plus jamais nous revoir. »

Le roi traversa rapidement la France et se retira à Oporto. Silencieux et résigné, il attendit la mort jusqu'au 28 juillet 1849. Il laissait à ses fils un royaume vaincu, mais un grand exemple.

Cet exemple, son pays l'avait compris. A la nouvelle de la défaite, la Chambre piémontaise rendit au vaincu plus d'honneurs que n'en reçut jamais un vainqueur. Quand le ministre de l'Intérieur annonça d'une voix émue l'abdication, une véritable explosion d'enthousiasme et d'attendrissement couvrit ses paroles. Les gestes, les regards se portèrent vers le buste du roi comme pour l'assurer de la reconnaissance de tous, comme pour lui faire de suprêmes adieux. Il n'y avait plus de partis, mais une assemblée qu'inspirait l'âme nationale. On proclama que Charles-Albert avait bien mérité de la patrie et l'on décida qu'une députation solennelle irait lui porter dans sa retraite le témoignage de l'admiration et de la reconnaissance italiennes.

VI

Suivant le mot du *Conseiller du Peuple*, qui était le journal de Lamartine, « chaque jour du mois de mars 1849 fut pour l'Italie une surprise, une aventure, une fatalité ou un désastre ».

Le soir même de la tragique journée de Novare, le nouveau roi de Piémont, Victor-Emmanuel, fut contraint d'aller au camp du vainqueur solliciter un armistice. Une députation de la Chambre du Piémont lui portait le lendemain la décision prise par l'assemblée de continuer la lutte. « Trouvez-moi, répondit le jeune roi, un seul soldat qui veuille se battre et je serai le second. » La Sicile révoltée venait d'offrir la couronne à son frère le duc de Gênes, mais la défaite de Novare brisa le rêve d'indépendance de cette île généreuse qui pourtant voulait lutter encore.

Les éphémères petits parlements italiens montrèrent partout le plus noble esprit et partout les peuples se refusèrent à accepter le verdict du destin.

Brescia mérita, dans le livre d'or de ces heures tragiques, une mention particulière. Elle s'était levée au bruit du canon de Novare. Pendant huit jours entiers, c'est en vain que de la citadelle restée en leur pouvoir les Autrichiens bombardaient la ville. Le général Haynau se présenta devant ses murs avec 4,000 hommes de troupes et la mit en demeure de capituler. Elle répondit en sonnant le tocsin et en dressant des barricades. Dix heures après, la charmante petite cité qui s'appuie si gracieusement à de poétiques collines succombait après un effort désespéré.

Haynau courut à Venise où Manin montrait, avec plus de vertu, autant de génie que les doges célèbres. La reine des lagunes était devenue un camp peuplé de héros promettant de mourir plutôt que de la rendre. Les nouvelles de Novare y parvinrent le 1er avril. Aussitôt Manin réunit l'assemblée : « Etes-vous prêts à vous défendre à tout prix ? à m'accorder des pouvoirs illimités pour faire ce que je croirai utile au salut de la patrie » ? Une acclamation unanime lui répondit et, d'enthousiasme, on prit ce décret énergique et bref : « L'assemblée des représentants de l'Etat de Venise, au nom de Dieu et du peuple, décrète à l'unanimité : Venise résistera à l'Autrichien à tout prix. A cette fin, le président Manin est investi de pouvoirs illimités. »

Quand le lendemain Haynau somma la ville, on lui envoya simplement copie du décret et la lutte commença. Elle fut glorieuse et Venise ne succomba que la dernière, après Rome.

Déjà la Toscane, avait rappelé son grand-duc qui avait été retrouver à Gaète, Pie IX, cet autre fugitif. Parme, Modène, toute l'Italie centrale était retombée entre les mains de l'Autriche.

Que faisait pendant ce temps Garibaldi ?

On lui proposa de s'embarquer pour la Sicile. Il s'empressa d'accepter, mais, en cours de voyage, à Livourne, apprenant qu'on formaīt un corps destiné à marcher sur Naples, il résolut de s'y enrôler. Le projet échoua. Garibaldi voulut alors gagner Venise ; pour cela il devait traverser le territoire de Bologne.

Tout en feignant, par crainte de l'émeute, de sympathiser avec Manin, le gouvernement pontifical témoigna beaucoup de malveillance aux volontaires qui voulaient lui porter secours. Cependant, Garibaldi est dans les cimes neigeuses de l'Apennin avec ses hommes dont la plupart sont vêtus seulement de toile (novembre 1848). « Les gouvernements italiens (sarde ou révolutionnaires), raconte-t-il dans ses mémoires, n'avaient même pas eu le courage de donner une capote à mes braves compagnons qui cependant avaient quitté l'Amérique pour venir les servir et il était douloureux de voir à quel point ces hommes souffraient du froid et de la faim. »

Au premier abord il est vrai, on se défiait un peu des garibaldiens. Leurs exploits, que la légende avait parfois horrifiés, et la fameuse chemise rouge répandaient presque de la terreur. Mais, ainsi que l'a noté assez justement leur général, « cette impression changeait à la vue de la belle jeunesse bien élevée qui l'accompagnait; dans les corps des volontaires qu'il a commandés en Italie, l'élément campagnard a, en effet, toujours manqué et ses soldats appartenaient presque tous à des familles distinguées des diverses provinces italiennes ».

Garibaldi obtint enfin du général Latour qui commandait à Bologne les troupes pontificales l'autorisation de gagner Ravenne. Mais là, nouvelles difficultés. On voulut le forcer à partir avant l'arrivée des volontaires mantovans qu'il attendait, puis on le retint. Mais soudain, à Rome, les événements s'étaient précipités : Rossi venait d'être assassiné, le pape était en fuite. Garibaldi, pensa que son devoir était d'offrir au nouveau gouvernement l'appui de son prestige et de sa troupe.

VII

Rome a joué dans l'histoire de la rénovation de l'Italie un rôle important et douloureux.

Le gouvernement pontifical était fermé à toute idée de progrès. « Tel qu'il est, disait en 1846 le comte Gino Capponi, il ne peut régir l'Etat parce qu'il est réduit par la nécessité de sa nature à craindre toute réforme, à empêcher toute amélioration. On dirait que la justice y est en lutte avec la religion. » Ce n'était que trop vrai. La cour pontificale était le plus souvent aussi licencieuse que le gouvernement était rétrograde. En outre, la papauté, s'étant inféodée à l'Autriche, probablement en haine du souvenir de la Révolution française, était devenue un pouvoir anti-national.

Le mécontentement était à son comble quand mourut Grégoire XVI. On espérait qu'il aurait pour successeur le cardinal Gizzi, prélat d'une grande réputation, très respecté et animé d'un libéralisme intelligent, mais le Conclave choisit le cardinal Mastaï. Il y eut un désappointement très vif, très vite suivi d'une inexplicable satisfaction. Les libéraux donnèrent à

Pie IX les acclamations préparées pour le cardinal Gizzi et même de plus grandes encore. Rome sembla prise de folie.

On avait pour le nouveau souverain-pontife des regards extatiques. On dressait des arcs de triomphe dans les rues qu'il allait parcourir ; on faisait pleuvoir sur lui des fleurs ; on répétait : « Il est beau comme l'espoir, fort comme le lion, doux comme l'agneau, juste comme Dieu. » On criait : « Vive Pie IX ! » et certains ajoutaient : « A bas le pape ! » Dans les grands dîners on forçait les convives à manger des œufs durs, parce que le blanc et le jaune étaient les couleurs pontificales. Au cours d'un banquet qui eut lieu à l'occasion de l'anniversaire de la fondation de Rome, Sterbini compara le pontife à un second Numa. Lorini, un archidiacre, changeait en tribune de place publique la chaire de Sainte-Marie-des-Anges et ses auditeurs en entrant à l'église oubliaient parfois d'ôter leur chapeau.

L'intérêt qu'avait le parti national à faire ainsi de Pie IX sa chose pour se servir de lui se conçoit fort bien ; mais on comprend plus difficilement les mobiles qui firent admettre tout cela au nouveau pape. S'il avait réellement des convictions libérales, pourquoi les renier plus tard ? S'il répugnait aux idées de progrès et d'indépendance, pourquoi le dissimuler ? Comment accepter d'abord l'abbé Gioberti et le Père Ventura pour se jeter ensuite dans les bras du cardinal Antonelli ?

Ce dernier, dont un écrivain catholique n'a pas craint d'écrire qu'il fut le Richelieu du pontificat romain, a été certainement l'un des personnages les plus néfastes qui aient dirigé la politique pontificale. Sa personne était aussi antipathique que son caractère et l'on s'étonne que cet homme au grand corps maigre, aux yeux caves et noirs, au regard fuyant, aux cheveux crépus, au teint bilieux, ait su, comme il le fit, s'emparer de l'esprit de Pie IX.

Le congrès des savants italiens, qui avait lieu annuellement depuis 1839, était l'occasion de nombreuses réunions familières où ses membres apprenaient à se connaître, se communiquaient leurs renseignements et s'exhortaient à faire chacun dans sa ville natale une propagande patriotique. C'était une sorte de carbonarisme, peut-être non moins utile que l'autre. Justement, cette année-là, le congrès se tenait à Rome. La préparation de l'indépendance y fut longuement étudiée.

Pie IX cependant s'écartait de plus en plus des principes qu'il avait tout d'abord professés ou du moins laissé professer, et, chaque jour, le désaccord augmentait entre lui et le peuple romain; mais comme il ne jugeait pas que le moment fût venu de jeter bas le masque, les révolutionnaires le regardaient encore comme un vivant symbole de leur cause. Officiellement, du reste, il faisait partie de la ligue contre l'Autriche, et Charles-Albert écrivait dans sa proclamation aux peuples de Lombardie et de Vénétie : « Nous seconderons l'accomplissement de vos justes désirs en nous fiant à l'aide de ce Dieu qui est visiblement avec nous, de ce Dieu qui a donné Pie IX à l'Italie et qui, par sa merveilleuse impulsion, met l'Italie en état de se suffire à elle-même. » La guerre exaltait le patriotisme de Rome et ce patriotisme s'exprimait de façon parfois fort inattendue. Ainsi le barbanite Gavazzi ne craignit pas de dire publiquement en plein Colisée : « Les initiales sacrées de la Rédemption (I. N. R. I.) devront signifier désormais *Italie, Nation; Religieuse Indépendance!* » C'est ce même Gavazzi qui, s'adressant au peuple de Parme, lui criera : « Aux armes, frères! que toutes vos mères, sœurs, femmes et maîtresses, s'unissent à moi pour vous pousser au champ d'honneur! »

La légion romaine alla rejoindre l'armée de Charle-Albert. On voulut que Pie IX bénît les drapeaux. Non seulement il s'y refusa, mais il prononça une allocution dans laquelle il dégageait la responsabilité du Saint-Siège vis-à-vis de l'Autriche. L'agitation de la rue répondit aux paroles pontificales, et le mécontentement prit une allure presque révolutionnaire. « En refusant de faire la guerre à l'ennemi mortel de notre patrie, disait-on, le Pape confesse que les deux pouvoirs sont inconciliables. » Bientôt les événements se précipitèrent. Rossi, ministre de l'Intérieur, fut assassiné. A l'heure même où ce meurtre eut lieu, un des chefs du mouvement révolutionnaire prononçait ces paroles qui démontraient bien qu'on l'avait concerté : « Un grand événement vient de s'accomplir, Rossi n'est plus à craindre. »

Pie IX, du reste, n'existait plus comme souverain. Déjà au mois de juin précédent, Mamiani, dont le Pape devait faire un ministre après l'assassinat de Rossi, avait dit : « Le Pape assis dans la paix sereine des dogmes religieux prie, bénit et pardonne. » Formule excellente pour définir cette séparation du temporel et du spirituel que réclamait chaque jour plus énergiquement, la presque unanimité des Romains.

En la personne de Rossi, le Pontife avait perdu son seul ministre intelligent et énergique. Antonelli ne sut donner d'autre conseil que de fuir. Le 24 novembre 1848, en simple soutane d'abbé, Pie IX se sauva à Gaète. Il passa devant le tombeau de Cicéron élevé à l'endroit où le grand orateur, cherchant, lui aussi, à gagner Gaète, avait été rejoint par les soldats des triumvirs, et leur avait tendu la gorge. Le Saint-Père jeta sur ces ruines un regard de tristesse.

VIII

Quand il apprit ces graves événements, Garibaldi quitta aussitôt la Romagne pour l'Ombrie. Macerata lui fit un accueil triomphal. Cette petite ville tint à honneur de contribuer à l'habillement des volontaires. Elle demanda, en outre, qu'ils séjournassent sur son territoire jusqu'à ce que la guerre rendît leur présence utile sur un autre point. Ils y étaient encore quand eurent lieu les élections pour la Constituante et ils prirent part au vote. Garibaldi fut élu député.

A la fin de janvier, il quitta, avec sa légion, Macereta pour Rieti qui venait de lui être assigné comme garnison. Ses hommes étaient maintenant équipés, mais lorsqu'il demanda qu'on complétât leur armement, il rencontra, sinon un refus formel, du moins peu de bonne volonté (1). Les fusils n'étant pas envoyés en nombre suffisant, il arma provisoirement de

(1) L'accord fut, en effet, souvent imparfait entre Garibaldi et le nouveau gouvernement de Rome.

lances les hommes auxquels on n'en avait pas encore distribué. Chaque jour, des enrôlements nombreux venaient augmenter l'effectif de sa petite troupe ; celle-ci s'éleva bientôt au chiffre de douze cents hommes qui ne tardèrent pas à montrer que leur organisation était excellente.

Garibaldi se rendit à Rome où l'appelaient ses devoirs de député. Depuis son séjour dans les Apennins, il souffrait beaucoup de rhumatismes et l'un de ses vétérans dut le soutenir, presque le porter jusqu'à la salle des séances. L'ouverture de la session eut lieu le 5 février 1849. Au moment où l'on se préparait à commencer la vérification des pouvoirs, le général se levant demanda qu'on passât outre à toutes ces formalités, que l'Assemblée se déclarât en permanence et proclamât immédiatement la République qui était « le seul gouvernement digne de Rome ». La motion ne fut pas adoptée et l'on décida de suivre la procédure habituelle. Ce premier acte parlementaire de Garibaldi montre bien son incompréhension radicale du régime représentatif.

La République romaine fut proclamée le 8 février, c'est-à-dire trois ans jour pour jour après la victoire de San-Antonio. Il est curieux de remarquer que de telles coïncidences se répétèrent souvent dans la vie de Garibaldi. Après la proclamation de la République, le général partit pour rejoindre ses troupes à Rieti.

La République romaine se donna un triumvirat : Mazzini, Saffi, Armelini; le premier était, en réalité, dictateur. Aux yeux de Garibaldi, c'était là un de ces gouvernements qui parlent trop et n'agissent pas assez. Dès l'arrivée à Civita-Vecchia (24 avril) du corps d'armée français, le désaccord se manifesta plus nettement. Garibaldi aurait voulu qu'on s'opposât par les armes au débarquement. C'eût été une déclaration de guerre à la République française et, par conséquent, une lourde faute. D'ailleurs, tant qu'elles demeureraient à Civita-Vecchia, les troupes françaises rendraient service à la République romaine, car leur présence empêcherait les Autrichiens de tenter une occupation. Aussi ne peut-on que louer le sens politique dont fit preuve Mazzini en se refusant à toute démonstration hostile.

Malheureusement, Oudinot ne resta point à Civita-Vecchia et marcha sur Rome. Garibaldi y fut rappelé avec ses hommes. Sa présence ranima les courages. Chargé de la défense d'une section des remparts, il s'y distingua tout spécialement et ce fut en grande partie aux blouses rouges que fut dû l'avantage remporté par les Italiens. Oudinot avait, d'ailleurs, très mal dirigé son attaque ; il perdit deux cents hommes et on lui fit trois cent soixante-cinq prisonniers. Quelques jours après, ces derniers furent reconduits à son camp avec toutes sortes de démonstrations amicales. N'y avait-il pas là une nouvelle preuve que le gouvernement français commettait un acte fâcheux et anti-républicain en combattant une république dont il aurait dû, au contraire, soutenir la cause? Notons que trois cents français, sous les ordres de Laviron, servaient dans les troupes romaines et se faisaient remarquer en toute occasion par leur intrépidité. Il y avait aussi des volontaires polonais, lombards, siciliens, c'est-à-dire des représentants de races opprimées qui, en luttant pour la liberté italienne, s'imaginaient combattre aussi pour Varsovie, pour Milan, pour Palerme.

Oudinot repoussé, Garibaldi vola au devant des Napolitains qui allaient envahir le territoire de Rome. Il les rencontra une première fois aux portes de Palestrine et les culbuta. Quinze jours après, il remportait la victoire de Velletri. Le monarque Bourbon eut beau, dans ses dépêches, laisser entendre qu'il était vainqueur, les garibaldiens n'en restèrent pas moins maîtres du champ de bataille. Dans cette journée Garibaldi croisa l'épée avec un colonel napolitain qui chargeait à la tête de ses chasseurs. Entouré de toutes parts, il courut de grands dangers et fut sauvé par un nègre de force colossale qu'il avait ramené de Montevideo.

Garibaldi aurait voulu, profitant de ces premiers succès, continuer sa marche dans le royaume de Naples et gagner les Abruzzes où les populations, très hostiles aux Bourbons, se seraient certainement révoltées. Le plan était très hardi, mais réalisable car la Sicile était en rébellion et l'armée de Naples fort découragée. C'est un plan analogue que le général, onze ans plus tard, exécuta heureusement à la tête des Mille. Mais Mazzini ne voulut pas se lancer dans l'aventure. Oudinot avait repris ses opérations, et du moment que le gouvernement romain, au lieu d'appeler le peuple aux armes et de suivre l'armée qui aurait fait la guerre de partisans, préférait, malgré l'étendue des remparts et le faible contingent dont il disposait défendre la ville, son devoir était de concentrer toutes ses forces. C'est pourquoi on rejeta le plan de Garibaldi et on lui prescrivit de revenir à Rome.

IX

Mazzini et Garibaldi, quoique appelés par les circonstances à collaborer assez intimement, ne sympathisaient pas ; bien plus, un véritable état d'animosité ne tarda pas à exister entre eux. Leurs natures étaient trop dissemblables et ils étaient, l'un et l'autre, trop vaniteux pour qu'une entente fût possible.

D'aspect rude, ne craignant aucune fatigue, d'une intelligence plus avisée que profonde, Garibaldi avait toujours compté sur l'épée, alors que Mazzini, de cerveau puissant, de santé débile ne connaissait et n'employait d'autre arme que l'idée. Il avait posé le principe de l'Unité. Les dogmes de sa foi se résumaient en cette devise : *Dio e popolo* et à aucun prix il n'entendait y manquer. La *Jeune Italie* les avait répandus dans la Péninsule, mais ils commençaient à avoir fait leur temps et on leur préférait généralement les conseils donnés par Massimo d'Azeglio dans son fameux livre : *Dei casi di Romagna*. Quant à Garibaldi, ce qu'il voulait avant tout, c'était l'indépendance italienne; les théories n'avaient à ses yeux, qu'une importance secondaire.

Est-ce à dire que Garibaldi n'eût pas lui aussi des principes? Certes non, mais ses principes n'avaient point la rigidité dogmatique et même, disons-le, ils étaient un peu nuageux. Quoique sincèrement républicain, Garibaldi réclamait qu'un chef fût en tous temps à la tête de la nation, surtout pendant les années d'épreuves que traversait la péninsule. Il professait que l'on avait moins besoin d'orateurs que de soldats. « C'est une grande erreur, écrit-il, pour les peuples maîtres d'eux-mêmes de ne pas choisir le gouvernement d'un seul homme honnête — qu'il prenne le titre de dictateur ou tout autre — mais d'un seul homme ! Il ne faut pas recourir à des gouvernants nombreux, généralement des diplômés, qui passent la majeure partie de leur temps à délibérer au lieu d'agir rapidement comme l'exigent les circonstances urgentes. » Garibaldi pensait sans doute ainsi parce que, ayant toujours vécu et agi dans des temps désordonnés et parmi des peuples agités, il ne concevait pas très bien une période de calme.

Enfin, derrière Mazzini, il y avait des mazziniens, déplorables sectaires qui renchérissaient fâcheusement sur leur chef. Celui-ci n'avait déjà que trop de penchant à l'intolérance doctrinale. N'avait-il pas, en 1849, après les défaites du malheureux Piémont, écrit sur un ton presque triomphant : « La guerre des rois est finie, celle des peuples commence » ? Inconscient blasphème contre la patrie qui ne fût jamais sorti ni de la plume, ni de la bouche de Garibaldi. Celui-ci blâmait, du reste, Mazzini de ne pas comprendre que lorsqu'une entreprise politique est impossible il ne faut pas en inspirer le désir, et que l'on commet un acte coupable lorsqu'on fait naître des rêves chimériques. Il demandait seulement à la jeunesse de savoir, le cas échéant, sacrifier sa vie pour son pays. En 1848, à Milan, sa première allocution fut celle-ci : « Ce que vous avez fait n'est rien à côté de ce que vous devez faire. L'ennemi qu'il vous faut combattre n'est pas seulement hors de vos murs, il est parmi vous. Je suis venu d'Amérique pour donner mon sang : donnez aussi le vôtre. »

D'une bravoure à laquelle ses ennemis eux-mêmes ont rendu le plus éclatant hommage, il fut un incomparable chef de partisans, mais un piètre organisateur. Il n'était pas l'homme des vastes desseins ni des longues réflexions ; mais nul n'aurait su diriger aussi bien que lui ce qu'on appelait, parfois un peu dédaigneusement, ses « bandes ». Or, c'était précisément des « bandes » qu'il fallait alors, des bandes animées d'un ardent patriotisme. Son rôle fut évidemment inférieur à celui de Cavour et même à celui de Victor-Emmanuel, mais il eut souvent plus d'action sur l'âme populaire. Il sut en certaines occasions la galvaniser. Voilà pourquoi, maintenant que l'œuvre est accomplie, les fils de ceux dont il enflamma les courages vénèrent aujourd'hui sa mémoire. Et tandis que la figure du théoricien Mazzini s'est déjà estompée, son image à lui — une image d'un idéalisme peut-être moins délicat — a grandi comme le symbole du glorieux *Risorgimento.*

X

Quand, à Rome, toute résistance fut devenue impossible, le ministre des Etats-Unis offrit à Garibaldi de mettre à sa disposition et à celle de ses compagnons qui pourraient ne pas être traités par les vainqueurs comme belligérants le refuge d'une corvette américaine actuellement sur rade de Civita-Vecchia, au moyen de laquelle on les transporterait en pays neutre. Garibaldi n'accepta pas. Se refusant, en effet, à croire désespéré le sort de la république romaine, il avait décidé de se jeter dans l'Apennin et il adressa aux troupes l'ordre du jour suivant : « Soldats, je sors de Rome. Que ceux qui veulent continuer la guerre viennent avec moi. Je ne peux leur offrir ni honneurs, ni solde, je leur offre la faim, la soif, les marches forcées et la mort. Qui aime la patrie me suive ! »

En grand nombre les volontaires des autres corps voulurent se joindre aux siens, en sorte qu'il quitta Rome le 2 juillet au soir, à la tête de 3,000 à 4,000 hommes. Anita l'accompagnait.

De Macerata, au commencement des opérations, la jeune femme avait consenti à regagner

Nice. Mais elle ne pouvait se résigner à vivre loin de celui qu'elle aimait et dès qu'elle avait appris l'attaque d'Oudinot, elle était repartie en compagnie d'un garibaldien vétéran des guerres d'Amérique; à travers mille périls, elle avait réussi à entrer à Rome. Malgré que Garibaldi lui représentât la vie de fatigues et de souffrances qui attendait le petit corps expéditionnaire et la suppliât de ne pas le suivre (elle était enceinte de plusieurs mois), Anita refusa de quitter son mari et, pour pouvoir l'accompagner partout, se fit couper les cheveux et s'habilla en homme.

Le 3 au matin, on parvint à Tivoli où l'on mit un peu d'ordre dans l'organisation de la colonne. Malheureusement, la plupart des hommes semblaient arrivés à un tel degré le lassitude physique et morale, que Garibaldi vit clairement qu'il ne pouvait compter sur eux. En effet, son petit détachement ne tarda pas à donner l'idée d'un troupeau en débandade, dont l'aspect n'était guère capable d'entraîner à la révolte les populations des pays traversés. A Terni, le valeureux colonel Forbes, un Anglais qui s'était dévoué à l'affranchissement de l'Italie rejoignit Garibaldi avec une trentaine d'hommes disciplinés, bien armés et convenablement équipés. Ce secours ne permit cependant pas d'organiser, même dans les points les plus favorables, des moyens de défense efficaces ni d'établir aucune embuscade.

Chaque matin, on constatait de nouvelles désertions. Dans les premiers temps, on chargeait sur des mulets les armes des déserteurs et on les emportait, puis il fallut se résoudre à les abandonner. On les remettait aux habitants qui paraissaient les plus sûrs, leur demandant de les cacher afin qu'on pût les retrouver un jour, et l'on fuyait, on fuyait sans cesse, poursuivis par des troupes autrichiennes, napolitaines et espagnoles que renseignaient des espions et qui harcelaient sans trêve les malheureux garibaldiens. Par crainte de représailles, nul n'osait servir à ceux-ci de guide ou d'auxiliaire.

Les déserteurs, auxquels ne tardèrent pas à se joindre des gens sans aveu, se répandaient dans le pays et se livraient à toutes sortes de pillages. Les habitants exaspérés ne firent bientôt plus de différence entre eux et les véritables garibaldiens. Dans de pareilles conditions, on ne pouvait pas essayer de prolonger plus longtemps la tentative. Garibaldi le comprit et résolut de se réfugier sur le territoire de Saint-Marin, d'y laisser son unique canon, de désarmer et de licencier ses hommes. Lui-même, à la tête d'une élite voulait se jeter dans Venise qui résistait encore. Anita était très affaiblie par suite de son état et des fatigues de la retraite. Malgré les objurgations de son mari qui la suppliait d'accepter l'hospitalité de la petite république, elle ne consentit pas à se séparer de lui.

XI

Garibaldi donna, à ceux qui devaient l'accompagner rendez-vous pour minuit à Cesenatico. Une petite garnison autrichienne occupait ce bourg; on la surprit et on la désarma avant qu'elle pût tenter de se défendre. Les gendarmes furent également arrêtés et enfermés en lieu sûr. Ces opérations préliminaires ayant assuré quelques heures de répit, Garibaldi réquisitionna les bateaux de pêche. Malheureusement, l'état de la mer semblait rendre impossible la sortie du port. On ne pouvait, cependant, rester « dans la gueule du loup »; le jour était proche et les Autrichiens, avertis, ne devaient pas être loin. Il fallait donc fuir à tout prix et la seule route était celle de la mer. Garibaldi, vieux marin que n'effrayait pas la perspective d'un ouragan, monta dans une petite barque et tenta de sortir pour mouiller des ancres dont on se serait servi comme point d'appui, afin de tirer hors du port les bateaux. L'opération fut pénible. Au moment où elle semblait achevée, les câbles se rompirent et l'on dut recommencer. Pendant ce temps, Forbes gardait l'entrée du village. Enfin, on put embarquer, mais déjà le soleil était haut sur l'horizon. La tempête, heureusement, s'était apaisée. Garibaldi donna pour dernières instructions : voyager de conserve autant qu'on le pouvait et gagner Venise; cela fait, il partagea les vivres et le peu d'eau dont il disposait.

Tout le jour on suivit sans encombre la rive italienne. Anita, torturée de crampes d'estomac et atteinte de fièvre pernicieuse, souffrait en outre de la soif et son mari n'avait plus rien à lui donner à boire. La fraîcheur de la nuit amena un peu d'accalmie. Nuit magnifique, nuit beaucoup trop belle, car on arrivait à la hauteur de l'escadre autrichienne qui était à l'ancre et l'on avait espéré que l'obscurité permettrait de franchir, sans être vu, la zone dangereuse. Hélas! la pleine lune éclairait impitoyablement jusqu'aux moindres anfractuosités de la falaise. Un brigantin aperçut les fugitifs et donna l'alarme. La flotte commença aussitôt à canonner, et comme il lui était facile de gagner de vitesse les Italiens, la plupart des embarcations furent capturées ou coulées. Quatre seulement, dont celle qui portait Garibaldi, atteignirent la côte.

XII

Voilà donc parvenus à terre, mais traqués de tous côtés, le malheureux Garibaldi et sa chère Anita qui semble moribonde. Ils ont abordé sur cette côte désolée de la Romagne où seule, dans la morne plaine — tout à la fois steppe, tourbière, marécage — la Pinetta qu'a chantée Byron apporte un peu de grâce. Quelques fidèles les entourent. Mais de quel secours pourraient-ils être? Leur nombre ne servirait, au contraire, qu'à provoquer l'attention. Garibaldi leur fait donc ses adieux et tristement les derniers compagnons de cette heure tragique s'éloignent (1).

Garibaldi reste seul avec Anita et un de ses lieutenants nommé Leggiero. La courageuse brésilienne sent qu'elle va mourir; elle pense à ses enfants qu'elle ne reverra plus. D'une voix

---

(1) Bientôt capturés, ils furent condamnés à mort et comme il y avait parmi eux un père et ses deux fils, les Autrichiens imposèrent au malheureux la suprême angoisse de lui faire voir, avant de le fusiller, les tombes de ses enfants creusées à côté de la sienne.

faible, elle prononce leurs noms chéris. Puis elle se tait et ses regards désespérés se fixent sur l'homme qu'elle a tant aimé et que peut-être son imagination lui représente en ce moment placé devant un peloton d'exécution ou se balançant à la corde ignominieuse d'un gibet.

Comme Leggiero allait partir à la découverte, survient Nino Bonnet, ancien garibaldien qui, blessé, avait quitté l'armée et s'était retiré dans ce pays où l'on ignorait son passé et où il vivait tranquillement. Au bruit de la canonnade, un secret pressentiment l'avait averti et depuis le matin il errait dans la campagne. On put, grâce à lui, trouver une maison où Anita se reposa quelques heures, mais bientôt il fallut repartir. La pauvre femme était portée par son mari, par Leggiero et par Bonnet qui se relayaient.

Ce calvaire dura deux jours. Enfin, le 4 août au matin les fugitifs parvinrent à la ferme de la Mandriole où ils trouvèrent un médecin que Bonnet avait été chercher. « Sauvez-la ! Je vous en conjure ! » suppliait Garibaldi. On étendit la malheureuse femme sur un matelas et son mari, le docteur, Leggiero, ainsi que le fermier, la transportèrent à l'étage supérieur sur le seul lit que possédât la ferme. A peine l'y avait-on déposée et tandis que se penchait sur elle son mari angoissé, elle expira. Il était environ quatre heures de l'après-midi. L'infortuné Garibaldi étreignit dans ses bras, avec désespoir, cette femme qui avait incarné son rêve et l'avait aimé jusqu'à la mort. Il semble, tant son étreinte est farouche, vouloir lui insuffler sa propre vie. Mais, à l'approche des Autrichiens, le fermier le supplie de fuir, car si l'on savait qu'il a donné asile à un révolutionnaire, il serait perdu. Garibaldi jette un dernier regard sur le cadavre — quel regard ! — et s'éloigne. Cet instant fut le plus douloureux de sa vie entière.

Dès que Garibaldi et son compagnon eurent disparu, le fermier se mit en devoir d'enterrer le cadavre d'Anita, ce qu'il fit avec tant de précipitation, qu'il le recouvrit incomplètement; une main sortait de terre. Cette main attira l'attention. Les autorités prévenues firent exhumer le corps et pratiquer l'autopsie. Ainsi, même après sa mort, la pauvre Anita ne devait pas trouver le repos.

Ses restes ont été transférés à Nice et inhumés dans la chapelle du vieux cimetière du Château (1). Une plaque de marbre, avec ces simples mots gravés : *les cendres d'Anita Garibaldi* rappelle le souvenir d'une femme qui mérite de figurer au nombre des grandes amoureuses historiques.

Que de choses romanesques évoque en effet

(1) Tout près de cette chapelle repose la mère du héros. Ces deux femmes qu'il a le plus chéries dorment toutes deux en terre de France.

l'épitaphe modeste de la pauvre Anita ! Sa rencontre avec Garibaldi, la passion subite qui l'enflamme, qui la domine impérieusement, à laquelle elle s'abandonne avec fougue, les chevauchées par monts et par vaux, les fatigues supportées, les dangers courus, la nocturne recherche parmi les morts et les blessés du champ de bataille, la captivité, l'évasion, le combat naval où elle tire le canon, où elle fait le coup de feu, dirige la défense, et, au milieu de tout cela, une jalousie qui la tourmente sans cesse, qu'elle ne peut dissimuler, qui fait verser à cette amazone des larmes silencieuses !

De cette jalousie je citerai un trait.

Garibaldi n'avait point cette belle prestance que la légende attribue volontiers aux héros ; il était de petite taille et avait les jambes un peu arquées, mais le visage qu'encadrait une barbe d'un blond fauve avait une singulière expression de noblesse, d'énergie et de bonté et le front puissant était surmonté d'une abondante chevelure qui retombait sur les épaules. « Suivant l'instant où on l'observait et le sentiment qui l'animait, cette tête, écrit Guerzoni, avait du Jupiter olympien, du Christ et du lion et l'on pourrait presque affirmer que nulle mère n'en enfanta jamais une semblable, que nul artiste n'en conçut une qui lui fût comparable. » Or, après la victoire de San-Antonio, les officiers de la légion virent un jour Garibaldi la tête rasée. Comme ils témoignaient par des exclamations leur étonnement, le bon général leur dit en souriant :

— Que voulez-vous? ma femme était si malheureuse! Je n'avais pas d'autre moyen de lui prouver que sa jalousie n'avait pas d'objet.

XIII

C'est au dévouement des patriotes italiens qui risquaient la prison et même la mort en lui donnant ainsi asile que Garibaldi dut de se sauver. Songeant plus tard à tous ces héroïsmes, il aura le droit de s'écrier : « Ah ! que je suis fier d'être né Italien ! »

Pendant que Bonnet avisait aux moyens de le faire fuir, le proscrit resta dans la Pinetta chantée par le Dante, « l'antique, la divine forêt, épaisse et vivante, où le sol embaume de toutes parts, où l'air doux, sans changement, touche le front comme les coups légers d'un vent suave, où les oiseaux pleins de joie reçoivent entre les feuilles les premiers souffles du jour qui font la basse de leurs chants ».

Tous ceux qui sont allés à Ravenne ont goûté le charme si particulier de la Pinetta et admiré ses pins qui dressent vers le ciel leur tête comme un bouquet ; ils n'ont pas manqué non plus de suivre ces fossés où « l'eau coule sombre sous l'ombrage perpétuel ». C'est là qu'il y a soixante ans, se cacha Garibaldi. Mais la forêt qui, d'habitude, n'était pas moins solitaire qu'elle ne l'est aujourd'hui, avait soudain reçu des visiteurs nombreux qui se glissaient entre ses arbres magnifiques. C'étaient la police et la troupe qui traquaient le malheureux fugitif.

Les soldats avaient été répartis en escouades dont chacune devait explorer un coin de la forêt. Garibaldi et ses compagnons déjouèrent les guets-apens. Un jour, caché dans une maison, le général vit une de leurs patrouilles passer sous la fenêtre.

De la Pinetta, les proscrits — Leggiero était resté avec son chef — gagnèrent Ravenne, puis Cervia où ils restèrent deux jours cachés dans un établissement agricole. Garibaldi n'oublia jamais la bonne figure ni les prévenances touchantes de son hôte. Nouvelle halte d'un jour à Forli, et voici les Apennins où l'on se disputa presque le périlleux honneur d'héberger et de guider les deux soldats de l'indépendance. Ceux-ci quittèrent bientôt les énergiques Romagnols pour les Toscans aux mœurs plus douces, mais qui ne se montrèrent pas moins courageux et dévoués. Garibaldi fut notamment l'hôte d'un brave curé qui, depuis le commencement des troubles, s'était donné mission de favoriser la fuite en Piémont des patriotes italiens compromis.

Quelques jours après les proscrits coururent un grand danger. Le guide qui devait venir les chercher s'étant trompé d'heure, les deux fugitifs se trouvèrent seuls en compagnie d'un Toscan peu familiarisé avec le pays et l'aube les surprit sur la grande route de Bologne à Florence que parcouraient à chaque instant des détachements ennemis. Demeurer en ce lieu était impossible. Mais où se cacher? Ils résolurent de se réfugier dans une auberge. A peine y étaient-ils que des soldats autrichiens — des Croates — entrèrent et s'installèrent. Le portrait de Garibaldi avait été répandu partout, en sorte que, malgré sa précaution de rabattre son chapeau sur ses yeux, il avait beaucoup de chance d'être reconnu. Tandis qu'à la table voisine les soldats plaisantaient et riaient lourdement, nos trois proscrits continuent leurs repas. Enfin, les soldats s'en vont. Il faut alors prendre une décision, car on vient d'expérimenter combien serait imprudent le séjour à l'auberge.

Garibaldi joue le tout pour le tout. Avisant un chasseur dont la figure lui semble respirer l'honnêteté, il se nomme.

— Je vais tout près d'ici, à Prato, lui répond le chasseur ; j'ai là des amis sûrs avec lesquels je m'inquiéterai des moyens de vous sauver.

Moins d'une heure après, le jeune homme était de retour. Ainsi le patriotisme italien faisait simplement son devoir.

En ce temps-là, si quand on était en Toscane il était facile de gagner les duchés de Parme et de Modène, il était, par contre, fort difficile de passer ensuite en Piémont, car le Piémont, c'était presque la terre de la liberté et les tyranneaux autrichiens avaient disposé des cordons de troupes destinés à en interdire l'approche aux fugitifs. L'avis des patriotes de Prato fut donc que Garibaldi devait gagner la Maremme toscane. On le cacha pendant quelques jours, ainsi que Leggiero, et on prépara une série de relais grâce auxquels les proscrits gagnèrent en voiture fermée la Maremme.

Après quelques péripéties ils parvinrent à Follonica sur le golfe de Sterbino. Un patron génois bon patriote les prit à son bord et les débarqua en Ligurie, à Porto-Venere.

Sur le territoire piémontais, Garibaldi n'était plus un proscrit ou du moins s'il s'attendait à être exilé, il pouvait être certain d'être traité avec égards et conduit à la frontière qu'il demanderait. C'est, en effet, ce qui arriva. Il obtint même que la frégate de guerre *San Michele* sur laquelle on l'avait embarqué fît escale à Nice. Cela lui permit d'embrasser ses enfants qu'il confia à sa vieille mère et à ses cousins. Puis, seul, pleurant la femme immolée à la patrie, il prit le chemin de l'exil.

XIV

Alors que la Toscane, les duchés, la Lombardie étaient déjà retombés aux mains de leurs anciens maîtres, Rome et Venise déployaient encore le drapeau républicain. Oudinot, nous l'avons vu, avait repris la Ville éternelle. Nos troupes n'y furent pas trop mal accueillies, car on savait que notre gouvernement ne poursuivait aucune ambition personnelle. Certains bons esprits faisaient même remarquer que l'expédition française avait été le moindre mal, en ce sens qu'elle avait préservé Rome de l'Autriche et de ses représailles (1). Enfin, nos soldats avaient une conduite fort correcte.

Toutes ces raisons amenèrent assez vite une détente alors que, dans ces mêmes Etats pontificaux — à Ancône par exemple — les Autrichiens campaient au milieu d'une population hostile. Rome bavardait et déjà souriait;

(1) La faute n'avait pas été d'avoir envoyé un corps d'armée, mais de ne pas l'avoir laissé à Civita Vecchia où sa présence suffisait.

les rues d'Ancône étaient silencieuses et désertes.

On pensait que le pape montrerait du moins un certain libéralisme et ne tirerait nulle vengeance du passé. C'est ce que la France lui avait conseillé et il sembla tout d'abord que le conseil serait suivi. En effet, le Souverain-Pontife adressa à son peuple une proclamation annonçant la nomination d'une commission de gouvernement et laissant espérer des institutions libérales. Mais l'espoir ne fut pas de longue durée. Dès les premiers décrets de cette commission qui était composée de trois cardinaux et que le peuple ne tarda pas à surnommer « le triumvirat rouge », il fut visible que le gouvernement pontifical marchait à une complète réaction.

Le peuple commençait à manifester son mécontentement; il en voulait à nos troupes d'avoir rétabli un tyran. Nous avions beau conseiller la modération; nous nous heurtions à « la lente et inflexible ténacité de la politique cléricale représentée par le cardinal Antonelli ». Nous accentuâmes alors le ton de nos avis. A la tribune de l'Assemblée nationale, notre ministre des Affaires étrangères termina par ces mots un discours retentissant : « Je suis autorisé, non pas seulement à croire, mais à dire que les volontés bien arrêtées du Saint-Père sont acquises aux réformes et aux institutions libérales; quoi qu'il arrive, du reste, la France ne peut pas laisser aboutir son expédition d'Italie à une restauration aveugle et implacable. » Paroles vaines et que souligna sans beaucoup d'effet la menace du retrait de nos troupes.

Le Saint-Siège continua de laisser toute licence au général espagnol Cardova qui occupait une partie du territoire pontifical. Ce général ne craignit pas de faire afficher une proclamation dans laquelle il déclarait que toute personne ayant insulté un soldat de son armée, serait fusillée dans les vingt-quatre heures. D'autre part, Oudinot dut intervenir énergiquement pour empêcher le fonctionnement du tribunal d'inquisition politique qu'on avait institué. La moralité de la cour romaine ne s'était pas améliorée. Ainsi le pape préparait lui-même par ses fautes l'unité italienne.

Venise avait tenu plus longtemps encore que Rome et ses derniers jours de combats avaient dignement couronné une lutte de dix-huit mois. Décimée par la famine, le choléra, les boulets, la population dut se résigner à subir de nouveau le joug autrichien (25 avril). Encore l'héroïque cité ne se rendit-elle qu'avec les honneurs de la guerre et qu'après qu'il eut été stipulé que tous ceux qui avaient pris part à la défense pourraient librement s'éloigner la veille de l'entrée des troupes impériales et se réfugier en pays neutre.

Ces vaincus partirent fièrement. Comme l'un d'eux, un ancien major dans l'armée napolitaine qui s'était fort distingué pendant le siège, s'approchait de l'officier autrichien chargé de délivrer des passes-ports, celui-ci lui demanda son nom.

— Colonel Boldini.

— Colonel ? Depuis quand ?

— Depuis le jour où j'ai chassé votre régiment de Mestre et où je vous ai fait vous-même prisonnier.

L'Autrichien ne répliqua pas.

Garibaldi avait l'intention de se retirer à Tunis ; mais le bey lui en ayant interdit le séjour, il demanda au capitaine du *San-Michele* de le débarquer à la Madeleine, petite île sarde, située en face des bouches de Bonifacio et voisine de cette Caprera où il devait passer ses dernières années. Le syndic de la Madeleine se trouvait être le père d'un de ses anciens capitaines dans la légion à l'Uruguay. L'exilé fut donc fort bien accueilli et passa quelques semaines tranquilles au milieu de ces populations de pauvres pêcheurs. Mais le gouvernement de Turin ne voulut pas l'y laisser. Un bâtiment de guerre, *le Colomb*, vint l'y chercher pour le conduire à Gibraltar où l'Angleterre ne lui permit qu'un séjour momentané. L'Espagne ne voulut pas le recevoir. Le proscrit était donc repoussé de partout quand le consul de Piémont à Tanger lui offrit une généreuse hospitalité.

C'est là que Garibaldi écrivit la première

partie de ses Mémoires. Il partageait entre la pêche et la chasse le temps qu'il ne consacrait pas à ce travail. Mais bientôt, malgré les prévenances de son hôte, cette vie oisive lui pesa, et il accepta l'offre que lui firent ses amis d'Italie, d'affréter pour lui, au moyen de souscriptions, un navire de commerce américain. Il se rendit dans ce but à New-York. Malheureusement, la souscription ne réussit pas ; en sorte qu'il se trouva dans une situation excessivement gênée. Suivant sa propre expression, « le problème du pain quotidien se présentait dans toute sa rigueur (1) ». Il finit par trouver une place dans une fabrique de bougies.

Une occupation plus conforme à ses goûts se présenta : le commandement d'un navire marchand. Il embarqua sur le *San-Giorgio*, avec un de ses amis, pour une longue croisière commerciale dans l'Amérique centrale et le Pérou.

En ce dernier pays, il fut mis en rapport avec une amie de Bolivar et le récit qu'elle lui fit de la vie du glorieux libérateur de l'Amérique fortifia le proscrit italien dans sa résolution de tout sacrifier pour l'indépendance de sa patrie. Partout il était, du reste, accueilli à bras ouverts par les Italiens si nombreux dans ces régions et qui n'étaient pas sans connaître le rôle et la personnalité véritable de leur hôte

(1) Lettre à Guerzoni.

qui voyageait sous le nom de Giuseppe Pane (Joseph Pain).

Du *San-Giorgio*, Garibaldi passa sur la *Carmen*. Dans les mers de Chine, il eut l'occasion d'aborder un îlot désert où il trouva une maisonnette abandonnée qu'entouraient un potager et un verger encore en état. Un ménage avait habité là. L'homme mort (une dalle rappelait son souvenir), sa compagne était partie. L'impétuosité de Garibaldi s'était, depuis son exil, tournée en mélancolie et il souffrait toujours du plus cruel des deuils. Aussi s'éloigna-t-il avec peine de ce havre de repos et de solitude, dont le regret hanta plus d'une fois son souvenir.

Peu après, il eut un songe étrange et douloureux. « Le 19 mars 1852, écrit-il, la *Carmen* étant en plein océan entre l'Asie et l'Amérique, un petit typhon nous obligea à rester une partie de la journée les voiles basses. Comme je souffrais de rhumatismes, je m'enfermai dans ma cabine et m'y endormis. Soudain je fus transporté à Nice. Mais Nice n'avait pas cette atmosphère légère et douce à respirer, qui change tout en sourire ; tout, au contraire, y paraissait sombre, triste, oppressant comme dans un cimetière. J'entrevis au loin un funèbre cortège de femmes et pus distinguer un cercueil. Bien que ne se mouvant que très lentement, ces femmes avançaient vers moi. Alors, plein d'un fatal pressentiment, je fis effort pour m'approcher du convoi, mais je ne pus bouger. Il me semblait qu'une montagne pesait sur moi. Quand le cortège parvint à ma couchette, il déposa le cercueil et disparut. Mes efforts pour me soulever étaient tels que j'étais en nage et pourtant, de longtemps, je ne parvins même pas à m'appuyer sur mon bras. Lorsque enfin, je pus faire un mouvement, je sentis contre moi le froid d'un cadavre et je reconnus le saint visage de ma mère. Je me réveillai. L'impression d'une main glacée était restée sur ma main. La tempête qui faisait rage ne put me rendre à moi-même et m'arracher à l'affreux cauchemar dans lequel je restais encore plongé : j'étais certain qu'en ce jour, à cette heure, ma mère était morte. »

Ce fut effectivement le 19 mars 1852 que mourut la mère de Garibaldi. Cette perte causa au proscrit la peine la plus profonde ; on sait combien il était attaché à cette mère chérie. Son portrait — une belle tête de vieille femme — était le seul que, dans sa propre vieillesse, il eût au chevet de son lit. Ainsi, en moins de trois années, la mort lui avait enlevé ses deux grandes affections : sa femme et sa mère.

Quand la *Carmen* eut regagné Boston, Garibaldi en abandonna le commandement pour prendre celui du *Commonwealth* qui transportait à Londres de la farine et du grain. De Londres, il gagna Nice où, après cinq années d'exil, il put embrasser ses enfants. Le gouvernement piémontais ne l'inquiéta pas. Il passa dans sa ville natale toute l'année 1854, puis se sentit las de l'existence monotone qu'il y menait. « Je n'ai jamais été un oiseau de cage, » a-t-il dit. C'était vrai; il ne pouvait supporter ni la servitude d'une fonction, ni les obligations d'une existence régulière. Il s'embarqua sur un petit navire, qui portait le nom fort bien choisi pour la circonstance de *Exploratore*, et navigua entre Nice et la Sardaigne.

Une tempête l'obligea à relâcher un jour à Caprera. Il se prit de passion pour cette petite île sauvage et déserte située le long des côtes sardes et en acheta une partie (1855). Quelques-uns de ses amis étant venus l'y rejoindre, il se construisit avec leur aide une habitation primitive qui lui rappelait les fermes de l'Uruguay. Dès lors, il voyagea beaucoup moins et s'occupa surtout d'agriculture. Les produits de son jardin, de sa pêche, de sa chasse suffisaient à son alimentation.

TROISIÈME PARTIE

IL RISORGIMENTO

I

Dès le lendemain de sa victoire sur Charles-Albert, Radetzki avait courbé toute la Haute-Italie sous une main de fer. La noblesse et la bourgeoisie avaient senti vibrer en elles l'amour de la patrie et s'étaient dévouées à sa cause. Pour en tirer vengeance, le mieux maréchal nonagénaire s'était mis à vivre aussi luxueusement qu'un roi, abandonnant le palais à ses officiers qui s'y prélassaient et souvent s'y livraient à de véritables actes de vandalisme. Les soldats imitaient leurs chefs avec une brutalité stupide qui révoltait doublement le sens artistique des Italiens. En voici un exemple : persuadés que le filet doré ornant les porcelaines avait par lui-même une valeur, ils brisaient force assiettes et force plats et en gardaient soigneusement les morceaux dont ils espéraient tirer une fortune à leur retour dans les lointaines Croaties.

Etait-on soupçonné de détenir des armes ou des munitions, d'avoir fait circuler des écrits séditieux, on était traduit devant une cour martiale puis, après une instruction sommaire, odieuse et grotesque parodie de la justice, envoyé dans une forteresse ou plus souvent encore à la mort. Un officier prétendait-il qu'on l'avait regardé de façon peu respectueuse, on était puni de cachot avec mise au pain et à l'eau. La bastonnade jouait également un grand rôle ; des femmes furent fouettées jusqu'à en mourir. Bien entendu, on se gardait de réprimer les excès de la soldatesque. Des gens furent pendus sans même l'ombre d'un prétexte. Jamais pillages, incendies, meurtres et viols ne furent plus nombreux. Tout semblait permis envers le vaincu. On lui prenait sa maison, son argent, sa femme ; souvent on l'enrôlait de force, on le traînait dans une caserne, on l'affublait d'un uniforme et on l'envoyait à des milliers de kilomètres de chez lui, à l'autre bout du territoire de l'empire.

Plein d'égards pour ses officiers, de paternelle bonté pour ses soldats qui l'adoraient, de charité pour les pauvres de Vérone où il avait établi le siège du gouvernement en haine de Milan, Radetzki semblait s'exaspérer chaque jour davantage contre les provinces qu'il avait reprises et qui étaient abandonnées sans réserve à son bon plaisir. En voici un témoignage.

La population de Milan s'était abstenue de prendre part à aucune réjouissance publique le 10 août 1849, jour anniversaire de la naissance de l'empereur. Seule une courtisane, l'Olivera, chez qui fréquentaient les officiers, avait arboré à son balcon les couleurs impériales. Outrée de cette insulte à sa douleur, la foule s'assembla sous ses fenêtres et siffla. Aussitôt la troupe d'accourir. Quinze personnes furent arrêtées et condamnées à la bastonnade. Pour donner à cette exécution une solennité particulière, on dressa sur la place un échafaud qu'entourèrent les officiers autrichiens. Il y avait parmi les condamnés deux femmes dont l'une âgée à peine de 20 ans. Au milieu des lazzis et des rires, la malheureuse reçut quarante coups de la main du bourreau ; sa compagne, moins jeune et moins jolie, par conséquent moins agréable à contempler, y gagna de n'en recevoir que trente. La municipalité fut, en outre, condamnée à payer 30,000 livres de dommages et intérêts à l'Olivera et... à solder une note de 114 livres pour baguettes cassées et pour glace employée à cicatriser les chairs des suppliciés.

Bien entendu les petits ducs de Parme et de Modène suivaient ces exemples et même il semblait que les souvenirs de la Renaissance italienne leur inspirassent des raffinements de cruauté.

La Lombardie-Vénétie resta plusieurs années sous ce régime d'exception. A la fin de 1851, on pendait encore à Venise un malheureux chez qui on avait trouvé un prospectus d'ouvrages historiques jugés subversifs. A Mantoue, stoïquement, le théatin don E. Tazzolo, professeur d'histoire ecclésiastique, non moins révéré pour ses vertus que pour sa science, regardait le bourreau préparer la corde et mourait sans une plainte. Antonio Pasetti, bien que fort malade, était condamné pendant l'instruction à quarante coups de bâton, puis à six jours de diète presque complète. Finalement, on l'envoya dans une compagnie de discipline; il mourut en cours de route. Luigi Reali s'étant refusé dans son interrogatoire à révéler les noms de ses « complices », on imagina ceci : on fit entrer dans sa cellule sa jeune femme — il était marié depuis un an à peine — tenant leur petit enfant et on dit à la malheureuse que Reali serait condamné s'il ne parlait pas, qu'elle le sauverait en obtenant de lui la dénonciation réclamée... Luigi Reali resta muet.

Quand le pays eut été remis entre les mains de l'autorité civile, il eut des despotes moins sanguinaires. Mais pressuré, voyant ses impôts augmenter chaque jour, il ne pouvait recouvrer son ancienne prospérité. Aussi le peuple n'était-il pas devenu moins unanime que la bourgeoisie et l'aristocratie dans sa haine contre l'Autriche. Cette unanimité se montrait par tous les moyens possibles. Ainsi comme la vente du tabac constituait pour le gouvernement impérial une cause d'importants bénéfices, les Lombards, bien que très grands fumeurs, comme tous les Italiens, cessèrent absolument de fumer.

Les représentations des opéras de Verdi, patriote passionné, étaient d'excellentes occasions de donner libre cours au sentiment national. On applaudissait avec frénésie et la police ne pouvait punir ce qui avait l'apparence d'un enthousiasme artistique. Rossini, qui se souciait peu de la liberté de l'Italie, avait baptisé son confrère « un musicien coiffé d'un casque ». Qu'importait à Verdi qui se sentait utile à la cause de la patrie et de l'Unité et qui rayonnait d'entendre longuement crier : « Evviva Verdi ! » cri convenu et dont le sens était : *Vittorio-Emmanuele Re d'Italia* (les cinq lettres formant le mot Verdi étaient l'abréviation de cette phrase).

Mûris par les souffrances, les patriotes avaient renoncé à l'utopie fédérative. Mazzini leur en avait démontré les dangers; ils suivaient donc en cela ses conseils, mais, voyant plus loin et plus juste que lui, ils avaient compris qu'il fallait — momentanément tout au moins — renoncer également au rêve de la République et accepter la maison de Savoie. L'union s'était faite ainsi non seulement entre toutes les régions de l'Italie, mais encore entre tous les partis de la nation. Déjà — ainsi que je l'ai indiqué plus haut — les Italiens avaient, pendant la période qui précéda immédiatement 1847, délaissé le mysticisme révolutionnaire de la *Jeune Italie* pour une opposition plus pratique. La défaite les confirma, après le premier moment d'exaspération passée, dans cette tactique, et l'on vit les radicaux abandonner la diffamation contre les libéraux et soutenir ces derniers. En un mot, il n'y avait plus ni Lombards, ni Piémontais, ni royalistes, ni républicains, il y avait seulement des Italiens et des *austriacanti*. Les souffrances endurées n'avaient donc pas été inutiles.

De cet enfantement douloureux allait naître le *risorgimento*.

II

Victor-Emmanuel s'attacha dès son avènement au trône de Piémont à reprendre la tâche dont Custozza, puis Novare avaient ajourné la réalisation.

Fils et époux d'archiduchesses, celui qui devait être le plus adoré des rois fut d'abord l'objet de certaines préventions; mais sa nature ouverte, sa rondeur, la bravoure dont il avait fait preuve, sa gaîté et même son aspect soldatesque ne tardèrent pas à les dissiper et à lui gagner l'affection de ses sujets. Il était fait pour commander. Son large visage, barré d'épaisses moustaches s'éclairait d'un regard fascinateur et quand il le voulait, s'adoucissait d'un sourire qui emportait toute résistance. Sa corpulence lui donnait un air un peu vulgaire quand il était à pied, mais il avait à cheval belle allure. Bientôt on le surnomma le *Re Galantuomo*. Avec les victoires, on le baptisera : *primo soldato dell' Italia, primo fattore della nazionale redenzione.*

Charles-Albert avait promulgué le Statut. Son fils le respecta si bien que dans le jeune parlement, tous les partis le prenaient comme arbitre. « Il avait assez de prestige pour attirer la confiance, écrit un contemporain, pas assez pour l'alarmer. »

Malgré la bonne volonté et le patriotisme de tous, le Piémont n'aurait peut-être pas néanmoins réussi dans l'œuvre difficile qui s'imposait à lui comme un devoir, si à ce moment de son histoire n'avait apparu un ministre qui restera comme un des plus grands hommes d'Etat du monde : Cavour.

D'esprit souple, d'intelligence très générale, de cœur ardent, de volonté inlassable, Cavour aimait passionnément sa patrie et en rêvait l'Unité. Dès qu'il fut nommé ministre, il prit sur ses collègues et sur le Parlement un ascendant chaque jour grandissant. « Son talent, écrit un historien, si mesuré, si vigoureux, si sûr de lui-même, si plein d'à-propos, surgissant au milieu d'une assemblée plus riche en orateurs à effets qu'en hommes politiques lui assurait une grande supériorité. » Chargé peu après de former un cabinet, il changea à plusieurs reprises de portefeuille ministériel, assurant même parfois la direction de plusieurs départements et n'ayant dans les autres, comme collègues, que des doublures, exerçant, en un mot, une véritable dictature parlementaire. « A la fois tribun et homme de gouvernement, agitateur et chef d'une politique régulière, sa riche et souple nature résumait le génie du pays. Cet homme national, ce rédempteur que l'Italie avait rêvé dans Pie IX, c'était lui ! L'Italie ne tarda pas à le reconnaître et elle entoura son administration d'une immense popularité. Cette popularité fut pour le ministre d'un grand secours, elle lui permit de stimuler les tièdes et de contenir les impatients ; il put choisir les occasions : agir ou temporiser. »

Lors de la campagne de Crimée, Cavour eut l'habileté de faire admettre le Piémont comme allié par la France et l'Angleterre. On ne se rendit pas très bien compte tout d'abord au parlement de Turin, de l'intérêt qu'avait le pays à joindre quinze mille hommes à l'armée franco-anglaise. Le député ministériel Farini, dont le rôle fut grand dans l'œuvre du *Risorgimento* monta à la tribune et demanda, en ces termes, la ratification du traité d'alliance : « La guerre actuelle est un acheminement vers une nouvelle organisation de l'Europe et par suite de l'Italie ; il importe que le Piémont devance l'Autriche dans le secours à prêter aux puissances. Cette expédition le fera entrer dans le concert européen; elle baptisera l'Italie au feu des canons de l'Europe et lui donnera des titres pour prendre part aux délibérations qui suivront la guerre. » Ce noble et prophétique langage fut compris et montra au Parlement que l'entrée du Piémont dans l'alliance franco-anglaise était déjà un peu la revanche de Novare.

Après avoir été à la peine, la petite monarchie sarde fut ainsi à l'honneur; elle prit part au congrès de Paris et Cavour y posa le problème italien, excellente façon de préparer l'esprit des diplomaties.

A la suite de ce congrès dans lequel le plénipotentiaire piémontais avait pris notamment la défense de Rome, une députation vint lui offrir une médaille d'or au nom de la population romaine. C'était là un acte symbolique, dont la portée n'échappa à personne. Il n'y avait, du reste, plus à garder le masque et un député put dire en pleine séance du Parlement : « La diplomatie, qui a bonne mémoire, n'a pas oublié 1848 : elle se méfie et elle se méfiera toujours du Piémont, tant que le Piémont fera flotter sur ses cités et sur ses terres le drapeau tricolore. Ce drapeau arboré en Italie par la révolution a une signification révolutionnaire et ne saurait en avoir d'autre; la diplomatie le sait parce que la diplomatie est triste mais non étourdie. »

III

Le 10 janvier 1859, en ouvrant au milieu d'un silence solennel la session du Parlement sarde, Victor-Emmanuel avait terminé son discours par ces mots : « L'horizon au milieu duquel se lève la nouvelle année n'est pas parfaitement serein. Si nous respectons les traités, d'autre part nous ne sommes pas insensibles au cri de douleur qui, de tant de parties de l'Italie, s'élève vers nous. » Le 13, M. Ratazzi prenant possession de la présidence de la Chambre, avait conjuré les partis « de se tendre la main, de se rallier dans une seule et commune pensée ». Cet appel fut entendu presque par tous, au dedans comme au dehors du Parlement.

Depuis plusieurs années, du reste, l'héroïque et vertueux Manin, « le dernier doge », qui vivait pauvrement à Paris du produit des leçons qu'il donnait, avait dit à la maison de Savoie : « Faites l'Italie et je suis avec vous ! » Le vieux républicain acceptait un roi pourvu qu'il n'y en eût qu'un seul pour toute la péninsule et que ce fût un roi italien. Mettant elle aussi au-dessus des formes politiques le souci de l'indépendance, la *Société nationale,* lien puissant qui réunissait les émigrés, s'était, de son côté, ralliée à la monarchie de Turin, et Manin mourant avait répété encore, tandis qu'il mettait sa dernière signature au bas d'une adresse de cette société : « Serrez-vous autour du Piémont ! » L'intransigeant Mazzini ne comprit pas la grandeur de ce sacrifice.

Quant à Garibaldi, il avait fait des déclarations analogues à celles de Manin et le bon patriote Pallavicini avait exprimé avec raison, l'opinion que c'était là « un fait immense ». Ce ralliement était d'ailleurs à prévoir, puisque dès son retour d'Amérique, Garibaldi avait cru devoir se mettre à la disposition de Charles-Albert.

Lorsque les événements se précipitèrent, Cavour chargea La Farina, l'organisateur de la *Société nationale,* d'aller à Caprera chercher le hardi soldat. Celui-ci, qui depuis longtemps « s'était imposé de taire toute conviction politique dans le but de faire l'Italie à n'importe quel prix », accepta l'invitation et vint à Turin où il eut une entrevue avec le grand ministre.

Cavour était un esprit trop perspicace pour ne pas avoir tout de suite jugé que, tout en faisant de Garibaldi un symbole autour duquel les volontaires afflueraient, il ne fallait pas lui donner de titre officiel, surtout avant qu'une alliance ne vînt assurer le succès. Il chargea donc une commission de répartir les volontaires entre l'armée régulière et les corps francs, et confia l'organisation de ces derniers au général Cialdini qui s'en remit entièrement à leur futur chef, Garibaldi, du soin de choisir les officiers.

Napoléon avait écrit : « Une de mes pensées fut l'agglomération, la concentration des mêmes peuples géographiques qu'ont dissous, morcelés, les révolutions et la politique. J'eusse voulu faire de chacun de ces peuples, un seul et même corps de nation... Le premier souverain qui au milieu de la première grande mêlée embrassera de bonne foi la cause des peuples, se trouvera à la tête de toute l'Europe et pourra tenter tout ce qu'il voudra. » Faisant plus spécialement allusion à l'Italie, il ajoutait : « Depuis les premières fois que j'ai paru dans cette région, j'ai toujours eu l'idée de créer indépendante et libre la nation italienne. Les réunions à l'Empire des diverses parties de la péninsule n'étaient que temporaires ; elles n'avaient pour but que de rompre les barrières qui séparaient les peuples et d'accélérer leur éducation afin d'opérer ensuite leur fusion : j'aurais rendu l'indépendance et l'unité à l'Italie presque entière. » On sait que sur ce point, son neveu fut fidèle à la tradition impériale : d'ailleurs, aucune idée ne le séduisit davantage que ce qu'on a appelé « le principe des nationalités ».

Bien des libéraux français lui pardonnèrent

d'avoir escamoté en France la liberté individuelle en considération de sa politique étrangère qui préconisait la liberté des peuples. Cette politique méritait qu'on lui sacrifiât beaucoup de choses, car elle sauva l'Italie. Pour que l'unité pût se faire, il fallait que le Piémont trouvât un allié.

« Italia fara da se », avait dit Charles-Albert en 1848. Mais Cavour savait bien que ce mot sublime ne répondait pas à une réalité contingente. Le Piémont était incapable d'entreprendre à lui tout seul la lutte contre l'Autriche ; chacun le reconnaissait. « Il faut en rougir mais en convenir, avouait Garibaldi ; avec la France pour alliée, on partait allègrement en guerre ; sans elle, on ne serait même pas parti en songe. »

La maison de Savoie avait toujours excellé aux mariages habiles. En donnant sa fille Clotilde au prince Napoléon, cousin de l'Empereur, Victor-Emmanuel suivait cette tradition. Ce fut le 17 janvier 1859 que le prince débarqua à Gênes ; la cérémonie nuptiale fut célébrée à Turin, le 27 au milieu des acclamations et des cris de : « Vive l'Italie ! Vive Victor-Emmanuel ! Vive Napoléon ! »

IV

L'armée française fut répartie en cinq corps : le 1er (Baraguey d'Hilliers) et le 2e (Mac-Mahon) entrèrent en Italie par le mont Cenis. Le 3e (Canrobert) et le 4e (Niel) suivirent la Méditerranée. Le 5e (prince Napoléon) devait opérer dans la Toscane et les duchés. L'armée italienne était sous les ordres directs de Victor-Emmanuel. L'empereur, que les faubourgs avaient acclamé à son départ de Paris et qui avait débarqué à Gênes le 12 mai, prit le commandement suprême avec, pour major général, le maréchal Vaillant.

L'Autriche avait donné le signal des hostilités. Une habile politique amenait cette puissance à prendre le rôle d'agresseur et l'empereur pouvait écrire dans sa proclamation du 3 mai : « L'Autriche, en entrant en Piémont, nous déclare la guerre. Elle a conduit les choses à cette extrémité qu'il faut qu'elle domine jusqu'aux Alpes ou que l'Italie soit libre jusqu'à l'Adriatique. Les alliés de la France ont toujours été ceux qui veulent l'amélioration de l'humanité ; et quand elle tire l'épée ce n'est pas pour dominer, mais pour affranchir. Le but de cette guerre est de rendre l'Italie à elle-même, non de la faire changer de maître. Nous aurons à notre frontière un peuple ami qui nous devra son indépendance. Nous n'allons pas ébranler le pouvoir du Saint-Père, mais le soustraire à cette pression dangereuse qui pèse sur toute la Péninsule, et contribuer à y fonder l'ordre sur des intérêts légitimes. »

Le généralissime autrichien Giulay ne sut pas renouveler les exploits de Radetzky. Les pluies retardèrent il est vrai ses mouvements, si bien qu'avec ses 200,000 hommes il ne réussit pas à écraser avant l'arrivée des Français l'armée piémontaise qui ne montait pas à plus de 60,000 hommes, ni à prendre Turin. Par contre, les exactions qu'il laissa commettre à ses soldats dès leur entrée en Piémont achevèrent d'exaspérer les populations. L'accueil fait aux troupes de Napoléon III et à ce souverain fut débordant d'enthousiasme; il n'honorait pas moins ceux qu'on venait libérer que leurs futurs libérateurs et fut bientôt justifié par les événements. La victoire de Montebello est du 20 mai, celle de Magenta, du 4 juin.

Cependant, les Autrichiens continuaient par leurs excès à aviver la haine des populations ; ils levaient contribution sur contribution, leurs soldats tuaient et pillaient.

Voici un exemple de leurs cruautés. Le jour même de la bataille de Montebello, une patrouille avait pénétré dans la maison des fermiers Cignoli. Après y avoir perquisitionné sans découvrir autre chose qu'une petite quantité de plomb de chasse, elle arrêta les membres de la famille et quelques paysans qui se trouvaient par hasard dans la cour — en tout neuf personnes dont un vieillard de 68 ans et un jeune garçon de 14. Ces pauvres gens furent conduits devant le commandant autrichien qui était à cheval au milieu de ses troupes. L'officier échangea quelques mots en allemand avec les soldats qui amenaient les prisonniers, il fit ranger ceux-ci, qui ne savaient pas se faire comprendre et tremblaient de tous leurs membres, dans un sentier en contrebas de la route ; aussitôt un feu de peloton retentit et les neuf malheureux tombèrent : huit avaient été tués raides. Seul le vieux Cignoli n'avait été que blessé. Quelques heures après, les habitants le relevèrent et le transportèrent à l'hôpital de Voghera où il expira. De tels faits n'étaient pas rares. Ils rendaient plus intense le sentiment de soulagement avec lequel on accueillait les vainqueurs. Nulle part peut-être la réception ne fut aussi triomphale qu'à Milan. Le soir même de Magenta, alors que les derniers corps autrichiens battaient en retraite, la population hissa les couleurs nationales et la municipalité proclama Victor-Emmanuel roi des Lombards en vertu du plébiscite de 1848.

Le 7, Mac-Mahon parut avec l'avant-garde de l'armée. Le 8, l'empereur et le roi firent leur entrée. L'ovation fut indescriptible. Les jeunes gens baisaient la crinière du cheval de Napoléon III et les femmes tendaient vers lui leurs enfants. Le 9, dans la merveilleuse cathédrale de Milan devant laquelle se dresse aujourd'hui une statue équestre de Victor-Emmanuel, on chanta un *Te Deum* solennel.

Le repos des alliés fut court, car il fallait poursuivre l'armée autrichienne qui battait en retraite. Cette armée fit halte seulement dans la plaine de Montechiaro, son camp de manœuvres habituel, où elle espérait que sa connaissance du terrain la mettrait en bonne posture. La bataille qui s'y livra fut une des plus sanglantes du siècle : c'est la journée de Solférino. Les Piémontais, placés à l'extrême gauche, avaient pour adversaire l'habile général Benedeck et il leur fallait enlever les hauteurs escarpées de San-Martino. La haine séculaire que ressentaient les uns à l'égard des autres Italiens et Autrichiens, décuplait l'ardeur et la bravoure des combattants. Cinq fois déjà les assaillants avaient été repoussés. Le soir tombait. A ce moment, on apprit que les Français étaient vainqueurs. La lutte n'en devint que plus furieuse. Les Piémontais voulaient vaincre, eux aussi, et les Autrichiens se venger de la défaite générale par une victoire partielle. Décidé à en finir à tout prix, Victor-Emmanuel réunit les deux régiments de grenadiers de la garde et deux bataillons de bersagliers, leur dit quelques paroles en piémontais et tenta le suprême effort. Electrisés par la parole et par l'exemple de leur roi, les soldats montèrent à l'assaut résolus à emporter, coûte que coûte, la position ennemie. Ils y réussirent, mais à quel prix ! Le soir, à la lueur d'une torche, un jeune sous-lieutenant du 1er grenadiers écrivait : « Notre régiment comptait ce matin 3,000 hommes, il en reste 450. Je ne suis pas blessé. »

Le lendemain le champ de bataille présentait l'aspect effroyable d'un véritable charnier. Peut-être cette horrible vision contribua-t-elle à calmer les ardeurs belliqueuses de Napoléon III. Quoi qu'il en soit, le souverain eut à Villafranca une entrevue avec François-Joseph et les préliminaires de la paix y furent décidés.

V

Voyons ce qu'avaient fait durant cette campagne Garibaldi et les deux régiments de *Cacciatori delle Alpi* (chasseurs des Alpes, ainsi appelait-on le corps franc qu'il commandait) (1).

Bon nombre des chasseurs des Alpes appartenaient aux meilleures familles de la Haute-Italie, et parmi eux, on comptait des artistes, des poètes, comme Giacomo Battaglia qui avait toujours dans sa poche un exemplaire de Dante dont il lisait des versets pendant les haltes (2) ; comme aussi le peintre E. Pagliano qui, dans un grand tableau, représenta le passage du Tessin par les chasseurs (3). Je mentionnerai en-

---

(1) Quelques-uns de ces Cacciatori delle Alpi avaient de brillants uniformes, mais la plupart portaient simplement le pantalon d'uniforme et la fameuse chemise rouge bouffante qui devait avoir la consécration suprême, celle de la mode. En effet, les femmes portèrent beaucoup à cette époque la chemisette rouge bouffante dite « à la garibaldienne ».

(2) Blessé mortellement à San-Fermo, Battaglia fit un effort pour glisser sous sa tête son volume et mourut le sourire aux lèvres.

(3) Ceux qui moururent dans cette campagne et dans les suivantes sont groupés dans la même barque.

core un des fils de Rossi, le ministre de Pie IX assassiné lors des émeutes.

En 1849, Garibaldi avait été le dernier à quitter le sol lombard; en 1859, il fut le premier à y pénétrer. Il allait, enfin, réaliser le rêve de toute sa vie et travailler efficacement à la libération de l'Italie. « Mes jeunes compagnons et moi-même, a-t-il écrit, nous haletions après le combat comme un fiancé après l'heure où on l'unira à sa bien-aimée. Aussi quelle joie la première fois qu'on vit les Autrichiens, et qu'on les culbuta ! »

Ce jour-là justement, quelques heures avant le combat, Garibaldi avait été appelé auprès du roi qui fut à son ordinaire, fort aimable. Les instructions qu'il en reçut consistaient à protéger la capitale (Turin) que menaçaient les Autrichiens ; puis, quand l'arrivée des Français permettrait de prendre l'offensive, à opérer sur la gauche des armées alliées, c'est-à-dire à attaquer et surtout à harceler l'aile droite autrichienne. Ravi d'être ainsi laissé maître de pouvoir suivre ses propres impulsions, Garibaldi déclara qu'à ses yeux cette liberté « valait tous les trésors ». On se souvient que déjà, en 1849, il avait fait la guerre de partisans dans les régions montagneuses du Bergamasque où il allait être appelé de nouveau. Ce fait et la complète liberté de mouvement qui lui était laissée montrent combien Victor-Emmanuel savait conformer les missions qu'il donnait au caractère de ceux qui devaient les exécuter. Le résultat, en l'espèce, fut excellent et les chasseurs des Alpes ne tardèrent pas à se distinguer.

Dès que le sort du Piémont fut garanti par l'arrivée de l'armée française, Garibaldi entra hardiment en Lombardie, battit à deux reprises les Autrichiens, souleva le pays et marcha sur Milan avec une audace extraordinaire. Le 24 mai, trompant — par une de ces habiles manœuvres dont il avait appris le secret au cours de ses guerres d'Amérique — Giulay qui battait en retraite, il réussit à passer le lac Majeur à Sesto-Calende et entra à Varese au milieu des acclamations. Cinq mille impériaux accoururent pour l'en chasser. Il les rencontra à San-Fermo, les battit et les poursuivit jusqu'à deux lieues de Côme d'où ils venaient. Cette ville était défendue par plus de 10,000 Autrichiens. Bien que n'ayant avec lui que 5,000 hommes Garibaldi n'hésita pas à l'attaquer et ce fut avec un plein succès. Aussitôt, il installa à Varese et à Côme une administration italienne et organisa des bataillons de volontaires. Il s'empara ensuite de la flottille à vapeur du lac de Côme et coupa toute communication aux Autrichiens avec la Valteline. Cela lui donnait la facilité de trouver lui-même, en cas de mauvaise fortune, une retraite dans les montagnes.

La nouvelle de ces victoires eut un grand retentissement dans toute la Lombardie et hâta l'explosion de l'insurrection. Devant cette audace mêlée de prudence les Autrichiens étaient déconcertés. Ils ne savaient comment atteindre cet homme qui semblait avoir le don d'ubiquité; ils finissaient par en avoir une sorte de hantise, croyaient le voir partout et, à peine entrés dans un village, demandaient avec appréhension : « N'est-il point ici ? » Pendant ce temps, il était à Bergame, à Brescia, où il arborait le drapeau tricolore.

Peu après, il reçut l'ordre de marcher sur la Valteline, pays de hautes montagnes couvertes de neige où il faut suivre des chemins périlleux, escalader des pics, longer des précipices. L'Autriche n'y avait envoyé que des montagnards, des Tyroliens. En dépit de toutes les difficultés, le corps franc continua la série de ses exploits. Son effectif, atteignait maintenant 12,000 hommes formant cinq régiments, et chaque jour, des volontaires affluaient. Le régiment des chasseurs des Apennins avait également été mis sous les ordres de Garibaldi qui disposait ainsi d'une véritable petite armée. Il se préparait à envahir le Tyrol quand, à sa grande douleur, les préliminaires de Villafranca vinrent l'arrêter.

Dans la maison neutralisée de Villafranca (1), les deux empereurs n'avaient pas tardé à tomber d'accord sur les conditions de la paix qui

(1) Juillet 1859.

fut ensuite signée à Zurich (1). Les bases en étaient les suivantes : confédération italienne sous la présidence honoraire du pape ; l'empereur d'Autriche cédait à l'empereur des Français qui les remettrait au roi de Sardaigne ses droits sur la Lombardie ; l'empereur d'Autriche conservait la Vénétie qui ferait partie de la confédération italienne ; amnistie générale.

Soit que le charnier de Solférino eût trop péniblement ému son humanité, soit crainte de complications sur le Rhin, soit désir de ne pas créer en Italie une puissance trop forte, Napoléon III s'arrêtait donc au milieu de la victoire. Il laissait à l'Autriche cette Vénétie aux frontières de laquelle il était parvenu et qui l'attendait comme un sauveur, il rendait à leurs maîtres la Toscane et l'Emilie qui s'étaient révoltées, réclamant Victor-Emmanuel. Une clameur d'indignation s'éleva de toute l'Italie et dans ce haro certains oublièrent même les immenses services rendus. En agissant comme il le faisait, Napoléon III montrait, il faut bien le dire, un déplorable manque de suite dans les idées. N'avait-il pas solennellement déclaré, avant de partir, qu'il voulait « l'Italie libre depuis les Alpes jusqu'à l'Adriatique » ? Quand on est le souverain d'un pays comme la France, on ne prononce pas de telles

---

(1) 16 octobre-10 novembre.

paroles pour les oublier ensuite, surtout alors qu'on n'a pas l'excuse de la défaite.

Les préliminaires signés, Napoléon III traversa rapidement cette Lombardie qui l'avait acclamé deux mois auparavant et rentra à Paris. A la réception des grands corps de l'Etat, il expliqua ainsi les mobiles qui l'avaient fait agir : « La lutte contre les forteresses devenait très difficile avec la neutralité des territoires voisins. Il aurait donc fallu pour continuer les hostilités s'appuyer franchement sur la Révolution et violer le territoire de la Confédération germanique, combattre à la fois l'Autriche sur l'Adriatique et l'Allemagne sur le Rhin. Cette double guerre pouvait entraîner l'abandon de l'Italie ou exiger de la part de la France des sacrifices qu'un souverain ne peut demander à son pays que pour la défense de sa propre indépendance. Je ne le pouvais et ne le devais. D'ailleurs, les résultats obtenus par l'Italie sont grands : une belle province est affranchie, l'idée d'une nationalité italienne est admise, les souverains comprennent tous la nécessité de salutaires réformes. »

Napoléon aurait pu ajouter que désormais l'Unité était certaine. Et peut-être estimait-il préférable de laisser l'Italie se parfaire soi-même. Il avait, en effet, stipulé que ni lui ni l'Autriche n'interviendraient pour rétablir les Habsbourg dans les duchés et la Toscane, et il avait tenu à ce que sa volonté fût connue. Au maire de Parme, comte Linati, il avait en effet déclaré : « Dites aux populations qui vous ont envoyé auprès de moi que mes armées ne violenteront jamais leur volonté et que je ne permettrai pas qu'aucune force étrangère leur fasse violence. » Cette stipulation de sa non-intervention c'était encore un immense service rendu à la cause italienne. Mais les peuples ne savent pas apprécier à leur juste valeur de tels services.

Enfin il y avait la question de Rome que l'empereur sentait indissolublement liée à celle de l'Unité et dont, à cause des conservateurs français très puissants, il voulait retarder l'heure critique. Voyons maintenant ce qu'avait fait durant ce temps l'Italie centrale.

En Toscane, la Révolution de 1859 eut un caractère particulier ; elle fut absolument calme et pas une goutte de sang ne coula. Le grand-duc, devançant le vote de sa déchéance, s'en alla avec sa suite, accompagné jusqu'à la frontière par le corps diplomatique. Le matin de ce départ toute la population était dans les rues que devait suivre le souverain. Aucun cri discordant ne fut poussé, mais personne ne salua. Le Habsbourg quitta le sol toscan au milieu d'un silence de mort, et à mesure que son carrosse passait, chacun détournait la tête, beaucoup même crachaient par terre — d'où le nom de *Rivoluzione del disprezzo* (révolution du mépris). Tout de suite, un gouvernement provisoire se constitua dont le baron Bettino Ricasoli fut le chef et qui donna la main au Piémont. Puis, quand la guerre fut officiellement déclarée, la dictature fut déférée à Victor-Emmanuel et le cinquième corps d'armée français débarqua à Livourne. Son chef, le prince Napoléon, déclara que sa mission était exclusivement militaire ; il laissa le pouvoir entre les mains du gouvernement provisoire qui, du reste, s'en tirait au mieux. La France décida de plus que, durant les hostilités, sa marine de guerre protégerait la marine de commerce toscane.

Les principicules des duchés étaient nos ennemis déclarés. Ils étaient, par eux-mêmes, d'autant plus inoffensifs que leurs petites armées diminuaient chaque jour en raison des désertions patriotiques ; mais ils pouvaient cependant nous gêner, parce qu'ils avaient mis leurs forteresses à la disposition de l'Autriche. Le peuple outré chassa ses ducs et envoya des députés à Turin afin de renouveler le pacte de fusion territoriale voté par le suffrage universel en 1848. Le gouvernement piémontais choisit alors pour être son commissaire à Modène le très remarquable homme d'Etat et excellent patriote Farini.

Bologne suivit l'exemple des duchés lesquels avaient eux-mêmes suivi celui de la Toscane. Après le retour de Pie IX, une effroyable répression — que nous devons souhaiter avoir été ignorée du pape — avait ensanglanté la Romagne sans que son peuple ardent se fût incliné. Dès qu'une révolte fut possible, ce peuple renvoya le légat qui se retira dans le camp autrichien.

A Parme, à Modène, à Bologne, les choses s'étaient passées avec autant de calme qu'à Florence. Non seulement on s'était gardé de toute vengeance — une vengeance qui eût été cependant bien excusable après tant de maux endurés — mais encore nulle part on n'avait hésité : même en Romagne, cette terre classique du républicanisme italien, personne ne cria : « Vive la République ! » parce qu'on avait compris que ce cri pouvait retarder l'Unité.

J'ai souvent occasion de parler de ces choses avec l'un de ceux qui y jouèrent un rôle important, le comte Viviani, frère du sous-lieutenant dont j'ai cité la lettre héroïque écrite le soir de la bataille de Solférino. Mon interlocuteur se plaît à évoquer devant moi le souvenir de cette époque où tout un peuple n'avait qu'une âme. Les Ricasoli, les Farini, les La Farina, tous les chefs faisaient preuve d'une grande honnêteté, d'une intelligence élevée et d'un dévouement absolu. « C'étaient des Spartiates, me répète souvent le comte Viviani ; le peuple ne l'ignorait pas, il avait confiance en eux et leur était soumis *comme un fils à son père.* »

Cette abnégation, ce renoncement à toute préférence personnelle, cette unanimité auraient dû faire sentir aux signataires de Villafranca que leur traité reposait sur des bases fragiles, instables, et que s'il est donné aux rois de proposer, seuls les peuples disposent parfois.

Victor-Emmanuel le comprenait, mais force lui était de temporiser. Il obtenait deux points très importants : l'annexion de la Lombardie, la défense faite à l'Autriche d'intervenir dans l'Italie centrale. Il pouvait donc rentrer à Turin avec la conscience de n'avoir pas perdu ses deux mois de campagne.

Le « roi galant homme » était véritablement devenu l'idole de l'Italie. On était fier de sa bravoure. En toute occasion, à Solférino notamment, il avait donné de nouveaux témoignages de cet héroïsme qu'il avait déjà montré en 1849 et qui lui valut une blessure à Goïto. Son urbanité avait achevé de désarmer les préventions, d'abattre les oppositions. J'ai déjà dit qu'il avait pour règle d'accueillir aussi bien les adversaires que les ministériels et qu'il savait par son ascendant, sa bonhomie, sa familiarité, la simplicité de ses goûts, convertir les républicains à la royauté. Si, même en Piémont, il plaisait à ce point, on devine combien plus encore son accueil devait conquérir les Toscans, les Parmesans, les Modenais, les Romagnols, habitués à ce que les princes s'ingéniassent à élever, à maintenir perpétuellement entre leurs peuples et eux des barrières.

Enfin, ce n'était un mystère pour personne que Victor-Emmanuel éprouvait presque de l'éloignement pour les « Autrichiennes », c'est-à-dire sa mère et sa femme; on disait même que son frère, le duc de Gênes, le trouvait trop complaisant envers l'opposition. Aussi l'Italie unitaire et libérale réclamait-elle ce roi qui pour amour d'elle avait brisé ses liens de famille, exposé sa couronne et fait mille fois le sacrifice de sa vie.

On pense comment Bologne, Modène, Parme, Florence accueillirent la proposition de renoncer à lui! La Toscane avait toujours Ricasoli comme président de son gouvernement et Farini était resté dictateur de l'Emilie. Une ligue dite « de l'Italie centrale » groupait les intérêts de tous ces pays et les ayant unifié déjà pour certaines choses, préparait ainsi au mieux les voies à la grande unité.

La diplomatie, désireuse de combattre son action, arguait du traité de Villafranca et, d'autre part, les Habsbourgs, le Pape, tous les gouvernements réactionnaires avaient envoyé en Toscane des émissaires chargés de réveiller les sentiments particularistes qui toujours y furent aussi puissants que l'orgueil régional y était chatouilleux. Peines inutiles! Ricasoli avait répondu par avance à de tels arguments en écrivant dès 1858 ces lignes patriotiques et prophétiques : « Ce qui fait la force du Piémont, ce qui nous attire vers lui chaque jour davantage, c'est qu'il affirme cette nationalité tant de fois niée; c'est qu'il est comme un centre tout prêt à rallier les forces disséminées de l'Italie; c'est qu'avec lui nous pouvons espérer d'obtenir ce qui nous manque, à savoir la tolérance religieuse, la liberté de la parole et de la presse et surtout un rôle actif dans les destinées de notre pays. Florence aime mieux être chef-lieu de province dans un Etat heureux, indépendant, libre, exclusivement italien, que capitale d'un duché insignifiant, qui n'a ni présent, ni avenir. »

A Solférino, l'héritier de la couronne grand-ducale était dans les rangs autrichiens. Aussi, le 10 août 1859, quand fut réunie l'assemblée qui devait décider du sort du pays, Ricasoli put écrire dans son message : « Il n'y a pas eu de violence ; mais le prince s'étant montré Autrichien et le pays voulant rester Italien, chacun a pris sa voie. » On vota au scrutin secret ; il y eut unanimité pour la déchéance de la maison de Lorraine et presque unanimité pour l'annexion au Piémont.

Victor-Emmanuel n'était pas obligé de refuser, car en signant les préliminaires de Villafranca il avait écrit : « J'accepte pour ce qui me concerne. » Ce qui signifiait : j'accepte le don de la Lombardie, mais non pas le rétablissement des Habsbourgs dans l'Italie centrale.

VI

Nous avons quitté Garibaldi au moment où les préliminaires de Villafranca l'empêchaient d'envahir le Tyrol. Ce traité mettait dans une situation assez difficile les Cacciatori delle Alpi. Ces jeunes gens avaient tout quitté pour défendre la patrie. Avec la paix, allaient-ils — chose impossible pour beaucoup — chercher à reprendre leurs occupations ou se faire incorporer dans les troupes lombardes-piémontaises ? Cette dernière solution ne leur souriait guère et rien ne leur convenait moins que la monotonie de la vie de garnison et l'exacte discipline d'une armée régulière. Aussi Garibaldi fut-il très heureux d'être invité par les gouvernements de la Toscane et de l'Emilie à conduire ses troupes dans l'Italie centrale, où l'on prêtait au duc de Modène l'intention d'envahir son ex-duché et au pape le désir de jeter ses Suisses sur Bologne.

La situation de Farini et celle de Ricasoli étaient alors fort délicates, car ils se trouvaient placés entre les aspirations populaires qui réclamaient l'annexion à la Haute-Italie et la diplomatie qui s'y opposait. Garibaldi s'impatientait de toutes ces lenteurs.

Ajoutons que si le héros italien était très bon, il était également très susceptible ; il était souvent en désaccord avec les généraux et les hommes d'Etat de la Ligue de l'Italie centrale. De là des froissements. « Je n'ai jamais servi la cause des peuples et surtout celle de mon pays en y mettant des conditions », a-t-il écrit dans ses mémoires. C'était vrai ; mais ses susceptibilités, son caractère un peu fantasque embarrassaient, mille fois plus que ne l'eussent fait des conditions nettement posées, ceux qui employaient ses services. Il avait conscience d'être excessivement populaire et savait que les hommes d'Etat avaient besoin de sa popularité, mais il ne se rendait pas compte qu'on devait se tenir en garde contre ses initiatives irréfléchies et qu'à l'heure la plus délicate peut-être pour la diplomatie piémontaise, un Cavour ne pouvait risquer une aventure.

Garibaldi reprochait souvent aux Farini, aux Ricasoli, d'être trop politiques et, tout en reconnaissant comme malgré lui que leur administration était excellente et donnait les meilleurs résultats, il se refusait à admettre l'utilité de cette politique. Il ne comprenait pas autre chose qu'une levée en masse, une ruée sur l'Autriche pour lui arracher la Vénétie ainsi que Trente et Trieste, sur les Etats pontificaux, sur le royaume de Naples, et il ne voulait point en démordre. C'était héroïque, peut-être, mais incontestablement fou et de nature à déchaîner un cataclysme. Fort heureusement, les dirigeants responsables de la politique italienne se refusèrent à commettre et à laisser commettre de pareilles incartades.

Durant les quelques mois qui suivirent Villafranca, Garibaldi fut successivement commandant en second des forces de l'Italie centrale, président de la *Société nationale* et de la *Nation armée*. Cédant aux conseils des mazziniens dont l'esprit impolitique et égoïste doit être sévèrement jugé, il ouvrit une souscription dans le but de préparer les moyens d'attaquer le pape. En vain lui démontrait-on qu'une telle entreprise jetterait sur l'Italie la moitié de l'Europe, il s'entêtait dans son absurde projet de levée en masse et s'y obstinait d'autant plus qu'il était indigné des excès qu'avaient commis à Pérouse les troupes pontificales. Il prêtait l'oreille aux plaintes des émigrés romains et aux désirs non dissimulés de l'Ombrie et des Marches qui voulaient se joindre à Bologne. Cependant, un dernier appel à son patriotisme, mal inspiré par instant mais toujours sincère, eut raison de sa résistance.

Victor-Emmanuel possédait, heureusement, un grand ascendant sur Garibaldi qui, en 1859, avait déclaré : « Quelque bien que vous disiez de Victor-Emmanuel, ce ne sera jamais trop. Vous savez que je ne suis pas royaliste; mais après avoir approché Victor-Emmanuel, j'ai dû le reconnaître pour un galant homme; il n'a pas seulement pour l'Italie un amour immense, mais un culte, une idolâtrie. » Cette admiration devenue affectueuse avait grandi depuis et Garibaldi ne cessait de répéter qu'il fallait se grouper autour du roi « preux et loyal soldat de l'indépendance ». Le souverain profita de son influence personnelle pour chercher à le faire patienter. Plusieurs entrevues eurent lieu entre eux ; chaque fois le général s'en allait ravi et momentanément convaincu.

Par contre, il n'aimait pas Cavour qu'il ne savait pas comprendre et qu'il qualifiait de *napoleonizzato,* terme très méprisant dans sa bouche, car il haïssait Napoléon, et cela pour trois motifs : comme républicain, à cause du 2 décembre; comme Italien, à cause du traité de Villafranca; comme anti-clérical, parce que l'empereur était le soutien du pape. Cette haine aveugle lui faisait oublier que cet empereur avait rendu possible l'Unité.

Un moment, Garibaldi voulut tout abandonner et s'embarquer à Gênes pour Caprera. Son bagage était à bord. Les sollicitations des patriotes eurent raison de sa décision. Le roi lui dépêcha un messager et à son retour à Turin lui demanda d'organiser en Lombardie une garde nationale mobile. Cette position à la frontière lui convint; il accepta et put ainsi donner libre et utile cours à sa fièvre patriotique.

VII

Il devenait évident que Victor-Emmanuel ne pourrait plus refuser longtemps de sanctionner par un acte officiel l'annexion de la Toscane, des duchés et des légations. Cavour, tout en laissant entendre à Napoléon III que c'était la seule façon d'empêcher la révolution, lui faisait affirmer qu'on n'irait pas plus loin. L'empereur n'était qu'à moitié convaincu. Il acquiesça pourtant, demandant seulement qu'on ne se contentât pas des votes des Parlements et qu'on consultât le suffrage universel. Il notifia, en outre, au Piémont son désir de voir Nice et la Savoie faire retour à la France dont elles formaient les limites naturelles et ethnographiques, car ces pays étaient de race et de langue françaises.

Cette prétention était fondée et l'attitude de la Savoie, demeurée étrangère à la crise de l'Unité, en constituait une démonstration évidente. On n'y avait jamais parlé que le français. De même à Nice, où le patois est un dialecte provençal frère de tous les idiomes de langue d'oc, si bien qu'un habitant de l'Auvergne le comprend, mais qu'un Vénitien ne l'entend point. Ajoutons que les intérêts économiques de ce pays étaient communs avec ceux de la Provence.

On pouvait faire valoir d'autres considérations. La monarchie piémontaise — la famille de Savoie — avait été longtemps presque aussi française qu'italienne (à la cour de Turin, on ne parlait que le français ou le piémontais). Du moment que cette monarchie passait entièrement dans le cercle italien, elle devait se résoudre aux sacrifices nécessaires et puisqu'elle se réclamait des limites naturelles, la logique lui faisait un devoir d'accepter ce principe, même à son détriment. Enfin elle n'avait cessé de demander qu'on respectât la volonté librement exprimée du suffrage universel; comment aurait-elle pu s'opposer à ce que ses provinces françaises fussent consultées? Or, ces provinces votèrent d'enthousiasme leur annexion à la France.

Garibaldi, alors député de Nice, protesta violemment contre la cession de sa ville natale dont il avait cependant écrit, dix ans auparavant, qu'aux jours de son enfance il était peiné de sentir combien elle était indifférente à tout ce qui était italien, dans laquelle, haranguant, en 1848, ceux qui l'acclamaient, il avait dû s'exprimer en français, qui, enfin, au premier tour de scrutin, lors des récentes élections, ne lui avait donné que 444 voix sur 1,596 et ne l'avait, malgré sa gloire, élu qu'au second tour.

Mais le Parlement piémontais-lombard comprenant que ce sacrifice s'imposait, écouta les patriotiques conseils de Cavour et par 229 voix contre 33 et 25 abstentions ratifia le traité qui lui était soumis « comme une attestation solennelle de la reconnaissance d'un peuple ressuscité envers son généreux allié ». Après quoi, il se sépara.

Pendant ce temps, Napoléon III reconnaissait et faisait reconnaître par tous les gouvernements le nouveau royaume, « l'Italie des Italiens », comme disait Cavour.

Ainsi se trouva accompli le grand œuvre du *Risorgimento* qui avait coûté bien de l'or, bien du sang et bien des larmes. La session du premier Parlement italien fut inaugurée à Turin le 2 avril 1860. Quelques jours plus tard, Victor-Emmanuel alla visiter les provinces centrales. Le peuple venait au-devant de lui en versant des larmes et en bénissant Dieu de pouvoir contempler celui qui incarnait la patrie régénérée.

Il y a dans presque tous les musées d'Italie une section dite « du Risorgimento ». J'en ai visité un bon nombre, mais aucune peut-être ne m'a ému autant que celle de Bologne dont le gardien est un ancien soldat de l'indépendance, un invalide auquel il manque une jambe et dont une des mains a été déformée par un coup de lance. Ce vieux brave trouve, pour évoquer les jours glorieux, des mots vraiment émouvants, surtout lorsqu'il conduit le visiteur dans la partie du musée où sont groupés les souvenirs *delle donne d'Italia* (des femmes d'Italie). Il y a là en de modestes cadres, des photographies, des mèches de cheveux et d'autres pauvres souvenirs qui rappellent des souffrances que subirent pour la patrie tant d'épouses dévouées, de filles héroïques, de mères sublimes. On se représente ces femmes disant adieu à ceux qu'elles aiment et qu'elles ne reverront plus, ayant la force de leur montrer des visages souriants pour ne pas amollir les courages dont le pays va avoir besoin.

Il y en eut qui ne se contentèrent point du sacrifice de leur affection et qui, pareilles à la séduisante et énigmatique princesse Belgiojoso, pareilles à Anita, contribuèrent au *Risorgimento* par leur action personnelle. Toutes méritent l'hommage, le respect et la gratitude.

QUATRIÈME PARTIE

L'ÉPOPÉE DES MILLE

I

Le roi de Naples Ferdinand II avait toujours haï et méprisé tout ce qui était italien, englobant même dans cette haine et ce mépris sa première femme qui était de la Maison de Savoie. Cette princesse était morte après quatre années de calvaire. On racontait que lorsqu'elle mit au monde son fils, Ferdinand lui avait refusé la permission de l'allaiter et avait choisi pour nourrir l'enfant une femme contrefaite et scrofuleuse. On disait aussi qu'ayant, au moment de mourir, demandé à parler au roi, on lui avait répondu que Sa Majesté dormait. Le peuple révérait sa mémoire comme celle d'une sainte et, parce qu'elle était de sang italien, il l'avait prise comme le symbole même de l'Italie.

Ce peuple souffrait, lui aussi, mais le mouvement de 1849 semblait avoir épuisé son énergie combative et il avait pris le parti, afin de jouir d'un peu de sécurité, d'acheter la police, les juges, les fonctionnaires de toutes sortes. Le roi savait ces scandales qui le laissaient indifférent. Il n'avait qu'un souci : faire interner dans les villages éloignés les « suspects » qu'il abandonnait ensuite au bon plaisir de ses sbires. Et parmi ces suspects figuraient toute la bourgeoisie ainsi que la meilleure partie de la noblesse et du peuple. L'autre partie de l'aristocratie se pavanait dans les antichambres royales, et, sous le nom de garde urbaine, la lie de la population, terrorisait le pays de complicité avec l'administration à laquelle elle prêtait son concours.

Le 22 mai 1859 Ferdinand II mourut enfin. Son fils, François II, n'avait que 23 ans. Victor-Emmanuel, dont il était le neveu, espérait le gagner à la cause italienne. Il lui écrivit la belle lettre autographe suivante : « Une heure solennelle a sonné pour l'Italie. Il ne s'agit plus pour elle d'être guelfe ou gibeline ; il faut qu'elle secoue la domination autrichienne. Etreignez fraternellement ma main, unissez vos efforts aux miens contre l'ennemi commun, et la reconnaissance des peuples vous en récompensera. » Non seulement ce noble appel ne fut pas entendu mais encore Cavour ayant, après la déclaration de guerre de l'Autriche et les premiers succès remportés sur elle, envoyé à Naples un ambassadeur extraordinaire, ce dernier fut très froidement reçu. C'est tout juste si François II garda la neutralité ; encore sembla-t-il que ce ne fût que par crainte d'un mouvement intérieur.

Bigot, inintelligent, étiolé, sournois, François II avait, du reste, tous les défauts de son père, avec l'énergie en moins. L'Europe entière essaya de lui ouvrir les yeux, mais aux représentations des ambassadeurs sur l'excès et l'inutilité des répressions qui ensanglantaient son royaume, il faisait répondre par ses ministres : « Il faut commencer par comprimer pour faire respecter l'autorité. » Et les arrestations, les bastonnades, les exils, les mises à mort se succédaient sans interruption. Comme on se méfiait de la fidélité de l'armée, on faisait en Autriche force enrôlements ; presque tous les officiers étaient de sang allemand ; certains savaient à peine parler l'italien.

En Sicile, c'était pis encore. François II y était représenté par une brute sanguinaire, Maniscalco, qui déclara : « Nous ne sommes plus en 1848, que le pays se le tienne pour dit. La moindre tentative de rébellion sera noyée dans le sang et Palerme se souviendra de Maniscalco, si toutefois il y reste un être vivant. » Les vastes prisons de Monreale recevaient continuellement de nouveaux détenus. Bientôt, le fouet et le nerf de bœuf ne suffisant plus aux récréations des bourreaux, on y introduisit des vis de pression, un fauteuil à lames de rasoir avec réchaud, etc. Quand les garibaldiens prirent la ville, ils trouvèrent dans les souterrains des prisons une extraordinaire variété de ces instruments de torture ; on y trouva également des squelettes dont les os étaient rompus et partout des traces de sang.

Les Palermitains tentèrent une insurrection. Elle fut étouffée. Le couvent de la Gancia, quartier général des insurgés, fut saccagé et tous ceux qui s'y trouvaient furent égorgés. Des bandes de révoltés *(i picciotti)* se formèrent alors, habiles à se déplacer, mais peu solides au feu. Le gouvernement y répondit par des colonnes de royalistes à qui toute licence était accordée. Elles égorgaient les paysans au hasard, brûlaient les châteaux et les villages. La ville de Carini ayant été pillée, puis livrée aux flammes, un colonel napolitain écrivit le lendemain : « Nous ne pourrons en finir qu'en faisant partout comme à Carini ; d'ailleurs nos soldats ne se battent que si on leur donne la perspective du pillage. »

Aussi la haine contre les Bourbons s'exaspérait de jour en jour.

II

Lorsque Cavour, accouru à Villafranca auprès de Victor-Emmanuel, avait appris les conditions du traité, il s'était écrié : « On m'empêche de faire l'Italie diplomatiquement par le nord, eh bien ! je la ferai par le sud grâce à la révolution. » La politique était donc d'accord avec le sentiment pour libérer Naples et la Sicile. Mais Cavour trouvait l'entreprise prématurée. Cependant, les peuples s'impatientaient et les émigrés du Midi, si nombreux maintenant dans le nouveau royaume — ces émigrés qui recevaient chaque jour des lettres désespérées de leurs frères — insistaient pour l'action immédiate. Dans toute la Sicile le gouvernement des Bourbons avait pour ainsi dire le sol miné sous lui. Toute une série d'émissaires achevaient d'y coordonner les forces et mandaient que plus de 30,000 hommes étaient prêts à se joindre aux colonnes de débarquement.

— Nous n'attendons qu'un chef, répétaient ces patriotes, Lui !

— Mais il est à Caprera !

— Non, à Gênes.

— Et pourquoi ne part-il pas?

— A cause de Nice cédée!

— Nice! Nice! il partira vous le verrez, le cœur affligé peut-être, mais il partira, il n'a pas le droit de laisser les nôtres souffrir ainsi.

Des comités s'étaient formés dans toute la Haute-Italie ; on y réunissait des armes et de l'argent. Victor-Emmanuel favorisait le mouvement ; Cavour également, bien qu'officiellement il eût défendu le départ. Il craignait notamment que Garibaldi une fois embarqué changeât soudain de direction et ne tentât une descente dans les Etats pontificaux. Le général, lui, hésitait encore bien que Crispi et Bixio fussent allés le supplier « au nom de leurs amis communs, par pitié pour la malheureuse île, pour le salut de la patrie entière » (17 avril). Soudain, il se décida et quitta Turin en même temps que Victor-Emmanuel partait faire en Toscane et en Emilie, son voyage triomphal.

Le 15 avril au soir il se présenta à la villa Spinola située à Quarto, petit village à quelques kilomètres de Gênes. Auguste Vecchi, un de ses anciens officiers du siège de Rome, y habitait.

— Bonjour, Vecchi! Je viens comme le Christ trouver mes apôtres ; j'ai choisi le plus riche cette fois. Voulez-vous de moi?

— Pardieu! général, et avec un immense plaisir.

Garibaldi s'installa dans la villa où il eut

toute une série de conciliabules. Le 30 avril, Bixio, Crispi, Bertani plaidant chaleureusement la cause du départ, Garibaldi se leva subitement : « Eh ! bien, soit, s'écria-t-il, partons ! et dès demain. »

On hâta les préparatifs et Cavour qui était au courant quitta Turin pour aller rejoindre le roi à Bologne. Cette absence pouvait lui servir d'excuse en face des puissances. Avant de partir, il avait pris ses précautions, chargeant officiellement le contre-amiral Persino d'empêcher le départ, lui donnant en réalité pour mission d'éviter de rencontrer sur mer les garibaldiens, mais de surveiller soigneusement les côtes du territoire pontifical : Cavour redoutait toujours, peut-être avec raison, un brusque revirement dans les intentions du général.

Les préparatifs terminés, le départ fut décidé. Garibaldi semblait changé. Il était, comme toujours, plein de résolution, mais son esprit était manifestement envahi par une tristesse que jamais il n'avait montrée à la veille d'un grand événement et il employa à écrire plusieurs lettres les heures qui précédèrent son embarquement.

Il commença par écrire au roi : « Le cri de souffrance qui de la Sicile parvient à nos oreilles a ému mon cœur et les cœurs de quelques centaines de mes compagnons d'armes... » Cette phrase par quoi débutait sa lettre reproduisait presque textuellement celle que, dans une circonstance analogue, à la veille de la guerre de 1859, Victor-Emmanuel avait prononcée devant le Parlement : « Le cri de douleur de l'Italie... » Garibaldi continuait ainsi : « Notre cri de guerre sera : Vive l'unité de l'Italie ! Vive Victor-Emmanuel, son premier et son plus brave soldat ! » Puis, il exprimait l'espoir qu'en cas d'échec l'Italie et l'Europe libérale se souvinssent qu'il avait agi sans mobile égoïste puisque c'était au roi qu'il destinait sa conquête et il finissait en s'excusant de ne point avoir révélé son projet au souverain afin que celui-ci ne le dissuadât pas de l'accomplir.

Le général s'adressa ensuite à l'armée italienne à laquelle il recommanda la discipline ; il adjura les officiers et soldats de rester à leur poste et de ne pas le suivre. Puis ce fut à l'armée de Naples :il lui rappela que les liens du sang l'unissaient aux garibaldiens. La dernière lettre fut pour le directeur de la Compagnie de navigation, lettre dans laquelle il s'excusait de lui emprunter par voie de réquisition deux bateaux, il *Piemonte* et il *Lombardo*.

Ce fut Bixio, le plus utile, le plus actif, le plus valeureux peut-être de ses lieutenants, qui avait été chargé de cet *emprunt* — pour employer son euphémisme. Les deux navires étaient dans le port de Gênes, séparés par un vieux bateau démâté où, depuis quelques jours, Bixio faisait mystérieusement entasser armes et provisions. Pendant la nuit du 5 mai, une quarantaine d'hommes énergiques vinrent l'y rejoindre. En un clin d'œil, on sauta sur le pont des deux vapeurs voisins, on obligea les chauffeurs à allumer leurs feux et les mécaniciens à se préparer au départ. Puis, toujours dans le plus grand silence, on transborda armes et munitions. Un peu avant le lever du soleil, les deux vapeurs se dirigèrent sur Quarto où il avait été convenu qu'aurait lieu l'embarquement et où les volontaires, profitant de la nuit pour se glisser hors la ville, étaient rassemblés. Ceux qui les avaient vu passer n'ignoraient point où ils allaient, mais aucun cri ne fut poussé. Des épouses, des sœurs, des mères, avaient accompagné les partants. Sans chercher à les retenir, les femmes pleuraient silencieusement. On se montrait notamment une mère venue du fond de la Vénétie, d'Udine. Elle avait voulu revoir son fils qui ne savait pas qu'elle était là. Anxieusement, elle le cherchait. Enfin, elle le trouva, et tous deux s'embrassèrent longuement. Le jeune homme lui dit dans cette étreinte : « Ne me demande pas de retourner chez nous, car je partirais quand même et ce me serait une grande peine, maman, de partir en te désobéissant. » La pauvre femme ne répondit pas, elle accompagna son fils jusqu'au rivage, l'embrassa encore, le bénit et tandis qu'il montait dans la chaloupe, s'enfuit pour cacher ses sanglots.

D'autres, afin de tromper leur chagrin, cherchaient à occuper leur esprit par mille petites recommandations. Pauvres épouses, pauvres mères, quelle nuit tragique fut pour elles cette nuit pure, auguste, solennelle du 5 mai !

III

Le départ eut lieu par une mer calme. Garibaldi était sur le *Piemonte,* Bixio, sur le *Lombardo.* Les deux navires voyageaient de conserve. Le général, saisissant le porte-voix, demanda soudain à son lieutenant :

— Combien de fusils à bord ?

— Onze cents.

— Et quelle quantité de munitions ?

— Rien.

En effet, les barques qui devaient les transporter n'avaient pas rejoint et on ne les apercevait pas. Garibaldi resta un moment perplexe. Puis, se décidant : « N'importe, dit-il, en avant ! » Et il indiqua la direction de Piombino.

Les premières heures donnèrent à tous ces braves l'occasion de refaire connaissance. La plupart avaient appartenu au corps des chasseurs des Alpes ; certains avaient même fait les guerres d'Amérique et ils éprouvaient du plaisir à se remémorer les souvenirs communs.

Tous les dialectes, parlés d'ailleurs avec élégance, se croisaient ; mais c'étaient le génois et le lombard qui dominaient. Il y avait à bord cent cinquante étudiants de l'université de Padoue, véritable élite de la Lombardie et de la Vénétie. Un des plus illustres noms de cette dernière province était représenté dans l'expédition en la personne du fils de Manin.

Le lendemain du départ les hommes furent réunis sur le pont où on leur lut un ordre du jour plein de fierté qui se terminait par ces mots : « Notre cri de guerre sera : Italie et Victor-Emmanuel ! et ce cri, clamé par vous, jettera l'épouvante parmi les ennemis de l'Italie. »

On naviguait à peu de distance des côtes. Soudain Garibaldi donna ordre de stopper devant Talamone. Il revêtit l'uniforme piémontais et rendit visite au gouverneur. Ce fonctionnaire ainsi que la municipalité le reçurent fort bien. Le général resta quelques jours à Talamone, exerçant et organisant sa troupe.

Il y avait dans la citadelle deux petits canons et une grande quantité de munitions qui auraient bien fait l'affaire de Garibaldi. Mais comment se les procurer ? Les autorités de Talamone supposaient que le général agissait pour le compte du gouvernement piémontais ; mais le commandant ne voulait pas livrer ses munitions sans un ordre écrit du chef hiérarchique. Par un adroit subterfuge on l'y décida cependant et Garibaldi donna aussitôt l'ordre du départ.

L'escadre napolitaine avait reçu mission de couler le *Piemonte* et le *Lombardo*. Heureusement Garibaldi et Bixio, aussi habiles marins l'un que l'autre, réussirent à louvoyer entre les navires de guerre qui devaient leur donner la chasse et parvinrent sans encombre en face de Marsala (1). Le débarquement était presque terminé quand parut l'escadre. Sa canonnade coula un des deux bâtiments ; mais il n'y restait plus qu'un peu de matériel.

La population accueillit Garibaldi avec des transports de joie. « Il était temps, lui dit un vieillard, que vous vinssiez nous consoler, car c'est depuis notre naissance que nous pleurons. »

On occupa immédiatement les bureaux du télégraphe. L'officier napolitain y avait laissé une feuille de papier portant ces mots : « Deux armées sardes viennent d'opérer un débarquement. » C'était le texte de la dépêche qu'il avait envoyée au commandant militaire de Trapani. Bientôt on télégraphia de cette ville :

— Combien y a-t-il d'hommes? Que veulent-ils?

Les garibaldiens répondirent :

— Pardonnez-moi. Je me suis trompé, les bateaux débarquaient du soufre.

---

(1) 11 mai.

De Trapani, tout à fait rassuré, on télégraphia ce seul mot :

— Imbécile !

Garibaldi prit la dictature et adressa aux habitants cette proclamation :

« Siciliens,

« Je vous ai conduit une poignée de braves accourus à votre appel, ce que m'ont laissé les batailles de la Lombardie. Nous sommes ici avec vous et ne cherchons qu'à libérer votre pays. Ce sera facile si nous sommes tous unis. Aux armes donc !

« Qui ne prend pas une arme est un lâche et un traître. Le manque de fusils n'est pas un prétexte. Nous aurons des fusils plus tard, mais pour l'instant toute arme est bonne pouıvu qu'elle soit brandie par une main courageuse. Les communes prendront soin des enfants, des femmes, des vieillards que vous allez laisser derrière vous. La Sicile montrera une fois de plus à l'univers qu'un pays quand il sait le vouloir peut redevenir libre. »

Son appel fut entendu et des renforts se joignirent aux Mille, tandis que le gouvernement de Naples tremblait, informé enfin du débarquement qu'il n'avait pas su empêcher.

Sur le drapeau tricolore de la légion étaient

brodés des emblèmes : une jeune femme qui symbolisait l'Italie et à ses pieds des chaînes brisées, des canons, des fusils. De l'autre côté, on lisait cette inscription en lettres d'or :

A Giuseppe Garibaldi
gli italiani residenti a Valparaiso
1855

Enfin de la hampe partaient trois banderoles avec ces mots : Indipendenza, Unità, Libertà.

Dès qu'il eut quitté Talamone, Garibaldi s'était hâté d'abandonner l'uniforme de général italien, qu'il remplaça par ce costume que la gravure a popularisé : chemise rouge bouffante, pantalon gris, chapeau à larges bords, autour du cou, un grand foulard dont les pans voltigeaient derrière lui. Enfin, replié sur l'arçon de sa selle il avait un *poncho* (manteau que portent les cavaliers du Sud-Amérique). L'homme était resté aussi vif qu'à trente ans, surveillant tout, ne voulant pas qu'on lui présentât les armes, familier avec ses soldats, s'asseyant parmi eux.

Un jour un ancien chasseur des Alpes lui offre quelques fraises.

— D'où es-tu ?

— De Gênes, général.

— As-tu encore ta mère ? continue Garibaldi en patois génois.

— Oui, général.

— Que penserait-elle de moi si elle me voyait manger les fraises que tu as pris la peine de cueillir ?

Et il n'en accepta que deux, voulant que le jeune homme mangeât devant lui les autres.

Cette grande bonté l'avait fait adorer de ses Mille. Quant aux Siciliens, ils commençaient déjà à former autour de lui une légende qui grandit très vite et ne fut pas étrangère au succès de sa périlleuse entreprise. Les uns disaient qu'on avait vu à ses côtés un ange qui le protégeait contre les balles ; d'autres prétendaient qu'il était le père de Sainte-Rosalie (1).

Les lieutenants de Garibaldi étaient dignes de lui. C'étaient notamment Turr, l'héroïque hongrois et son compatriote Tükory, l'ancien prêtre Sirtori, l'impétueux et violent Bixio, qui à Gênes avait, en 1847, pris à la bride le cheval de Charles-Albert et crié au roi : « Déclarez la guerre à l'Autriche, sire, et nous serons tous avec vous », La Masa, qui pour se joindre à Garibaldi avait quitté une épouse adorée et une colossale fortune, l'élégant Carini, Benedetto Cairoli, Missori, un dandy de Milan devenu chef des Guides, etc.

Ses volontaires n'étaient ni meilleurs ni

---

(1) Cette sainte avait vécu sur le mont Pellegrino et était fille du roi Sinibaldo (Sinibaldo, Garibaldi, la similitude des noms contribuait à la légende.)

moins bons soldats que les autres volontaires d'alors. Ayant eu à Quarto la bonne fortune de s'embarquer pour la gloire, ils ne tardèrent pas à se transformer dans l'imagination populaire en héros quasi fabuleux. Guerzoni, un des Mille, raconte qu'il y avait parmi eux « et le patriote échappé miraculeusement aux gibets d'Autriche ou aux galères de Naples, et le Sicilien volant au secours de son île, et le poète à la recherche d'un sujet d'épopée, et l'amant désireux d'oublier, et le spleenitique avide d'émotions, et le pauvre qui avait faim et le désespéré qui courait après la mort ». On comptait parmi eux des hommes de tout âge, entre autres un vieux Génois de 70 ans, ancien soldat de Napoléon Ier.

Il y avait aussi des étrangers : des Hongrois dont la mélancolie rappelait à Garibaldi ses guerres d'Amérique alors qu'il ne pouvait combattre pour son pays ; des Français, Deflotte et Bordone ; des Anglais, Dawling, Forbes et le brave colonel Peard, surnommé l'Anglais de Garibaldi.

Ce Peard s'était, en 1859, présenté au chef des chasseurs des Alpes tout équipé et armé d'une carabine de précision dont il montra, dès la première affaire, qu'il excellait à se servir. Après la bataille, modeste, n'acceptant même pas un souvenir, il s'en allait... pour réapparaître le matin du prochain combat. Bien entendu, il ne voulut pas manquer la belle fête qui se préparait et il se joignit aux Mille. Il aida beaucoup à la constitution du petit corps anglais qui se distingua dans les plaines de Capoue.

L'auréole dont on entourait les garibaldiens fait qu'aujourd'hui encore lorsque vous interrogez un Italien sur ces temps héroïques, celui-ci répond souvent en se redressant fièrement : « Sono un avanzo (un débris, un reste) di Garibaldi ! » Parfois, on constate que « l'avanzo » devait être au maillot lorsque Garibaldi conquit la Sicile. N'importe, ayez l'air de le croire; cela lui fait tant de plaisir de songer qu'il passe à vos yeux pour une de ces glorieuses chemises rouges !

Edmond de Amicis, le distingué littérateur Italien, a fait dans ses Mémoires le tableau de ces heures enfiévrées, où les collégiens rougissaient de n'avoir que 15 ans. Les plus grands, les plus forts réussissaient à tromper sur leur âge les recruteurs. Il raconte que lui-même à 14 ans, tenta de les imiter; il voulait absolument rejoindre le héros dont il rêvait toutes les nuits et dont le souvenir le hantait pendant les heures de classe et d'études. Accompagné de deux camarades, il alla trouver l'avocat républicain préposé au recrutement des garibaldiens dans la région. Celui-ci écouta avec bienveillance la requête des trois petits patriotes, et voulant éviter de les contrister par un refus brutal, les pria de revenir la semaine suivante ; quand les enfants se représentèrent, il les ajourna de nouveau à huitaine. Les deux fois on leur avait dit que le prochain transport quittant Gênes était complet. Seraient-ils donc tous complets, les transports et n'y aurait-il jamais place pour eux dans la phalange des preux ? ou bien encore ces atermoiements étaient-ils dus à leurs familles qu'on avait averties de leur projet d'épopée ?

Pour en avoir le cœur net, ils allèrent trouver l'avocat.

— Vous partirez demain, leur répondit-il. Le rendez-vous des volontaires devait avoir lieu à l'aube. Les trois enfants résolurent d'y arriver ensemble et pour se reconnaître dans l'obscurité, convinrent d'un mot de passe : San Fermo et Varèse (deux victoires garibaldiennes de 1859).

Tout étant ainsi minutieusement prévu, Edmond rentra chez lui, dîna puis se jeta sur son lit pour quelques heures, les dernières peut-être qu'il passerait sous le toit paternel. Au milieu de la nuit, il se leva, et fixa solidement une corde au balcon. Mais tandis qu'il enjambait la barre d'appui, deux bras entourèrent son cou : c'était sa mère qui, prévenue par l'avocat, cherchait tendrement à le consoler de sa désillusion.

IV

Excellents patriotes, les moines siciliens prêtaient leur concours aux Mille.

Quand les Garibaldiens parvinrent à Alcamo un frère se joignit à eux, faisant en quelque sorte office d'aumônier. Jeune et gai, droit et solide en selle, il montait fièrement une belle jument; et tous le respectaient et l'aimaient. Il disait la messe sur un autel orné des trois couleurs. A sa demande, Garibaldi assista à un *Te Deum*. Cette collaboration du clergé était fort utile aux Mille et achevait de leur gagner l'âme du peuple de Sicile.

Parfois, l'aide des couvents prenait un caractère assez peu en harmonie avec la robe monacale. Ainsi, à Calatafimi, six moines combattirent dans les rangs garibaldiens. Le soir venu et la victoire acquise, ils quittèrent le champ de bataille silencieusement en emportant leurs armes.

Un capucin alla même plus loin et s'engagea. Au moment où je l'ai connu, — il y a une vingtaine d'années — c'était un grand vieillard, maigre, encore vigoureux ; il exerçait dans une paroisse des environs de Nice les fonctions de curé. Grand chasseur devant l'Eternel, il portait toujours un fusil en bandoulière et véritablement il y avait plaisir à voir les regards de tendresse qu'il jetait à son arme. Quoique fort agréable causeur, il évitait de faire allusion à son passé. Je pus cependant parvenir à savoir son histoire, la voici :

Dans son couvent en Sicile, la plupart des moines s'étaient affiliés à une société secrète qui travaillait à préparer la chute des Bourbons. Quand les Mille débarquèrent, notre homme n'y tint plus, jeta son froc et alla les rejoindre. Fort, brave, intelligent, instruit, il ne tarda pas à devenir colonel. Un coup de lance lui brisa les os de la main gauche. Il se remit bientôt et reprit sa place au combat. Quand enfin Garibaldi fut entré à Naples, le moine-colonel estimant que l'œuvre était accomplie, quitta l'armée sans prendre congé de personne, se réconcilia avec l'Eglise et voulut réintégrer son couvent. Mais les membres de la société secrète à laquelle il appartenait et dont il était devenu un dignitaire lui témoignèrent leur déplaisir de cette résolution, car on lui avait confié trop de choses. Il se décida alors à quitter l'Italie et se retira en Corse dans un couvent de son ordre. Il y était à peine arrivé que deux personnnes le demandèrent au parloir. Le frère portier répondit qu'aucun des habitants actuels du couvent n'était venu d'Italie. Les visiteurs en s'en allant laissèrent comprendre qu'ils n'étaient pas dupes. Cet incident obligea l'ancien garibaldien à repartir. Il gagna Nice, où il y avait également une maison de l'ordre. Là aussi, dès l'arrivée du fugitif, les deux personnages fatidiques vinrent le demander au parloir. Cette fois, le frère portier répondit du ton le plus naturel qu'effectivement un capucin de passage avait séjourné quelques heures au couvent, mais qu'il en était reparti ; et le frère indiqua la direction que le voyageur était censé avoir prise. On le crut et les deux personnages se hâtèrent vers la route désignée.

Par un heureux hasard, l'évêque de Nice — un Piémontais énergique et patriote qui occupait déjà ce siège épiscopal alors que la ville était italienne, — se trouvait au couvent. On l'avertit et désireux de tirer de ce mauvais pas celui qui s'était dévoué pour l'Unité, il le nomma titulaire d'une cure alors vacante dans un village perdu au fond des montagnes et ordonna que le nouveau curé partirait le soir même. Pendant la nuit, l'ancien colonel, accompagné d'un guide sûr, gagna sa résidence par des routes détournées. Personne ne vint l'y réclamer. Il y resta une vingtaine d'années au bout desquelles, l'oubli s'étant fait, il fut appelé à une cure de la banlieue immédiate de Nice. C'est là que je l'ai connu.

V

La première affaire qui suivit le débarquement des Mille eut lieu le 15 mai; elle mettait aux prises les garibaldiens et les troupes napolitaines commandées par le vieux général Landi. Celui-ci attendit Garibaldi à Calatafimi, « position, déclare-t-il dans sa correspondance, très avantageuse aussi bien pour l'offensive que pour la défensive et où il fallait absolument arrêter les bandes pour les empêcher de se porter sur Palerme ». Calatafimi est un petit bourg situé au centre d'un amphithéâtre de montagnes. Mais que pouvait l'excellence de la position stratégique contre l'enthousiasme qui animait les garibaldiens? « De la tête à la queue de notre colonne, raconte l'un d'eux, il courait depuis le matin comme un fluide; un sentiment de force et de joie remplissait nos âmes; on eût dit que chacun sentait dans l'air la mystérieuse présence de l'ennemi. »

Cette première journée avait une importance capitale. Vaincus, les Mille risquaient fort d'être jetés à la mer; vainqueurs, tous les espoirs leur étaient permis. Garibaldi le sentait.

Il sentait également le besoin de confirmer l'héroïsme de ses soldats et de déterminer le soulèvement de toute la Sicile. Il ne laissa donc rien au hasard, d'autant qu'il n'ignorait point qu'il allait combattre contre des ennemis supérieurs en nombre.

La journée fut chaude. Un moment, le fougueux Bixio lui-même, désespérant de la victoire, demanda à son chef si l'on ne devait pas songer à la retraite. « Nous sommes ici pour faire l'Italie ou pour mourir, » lui répondit le général. Il parcourut les rangs, et s'adressant paternellement à ses soldats : « Reposez-vous un instant, enfants, puis un dernier effort et nous serons victorieux. » Le sort paraissait se décider contre lui, mais fidèle à son principe de lutter jusqu'à la dernière extrémité et persuadé comme toujours que la victoire suit le plus tenace, il fit porter le drapeau en avant, au plus fort de la mêlée. Electrisés, tous ses braves tentèrent un nouvel assaut — le dernier et le bon. Calatafimi leur resta. Mais l'ennemi ne l'abandonna qu'après s'être défendu avec une sauvage énergie. Les *picciotti* (insurgés siciliens) avaient assisté au combat, massés sur les montagnes voisines et sans y prendre part. La victoire leur enleva leurs dernières irrésolutions et, dès ce moment, ils furent tout acquis à Garibaldi.

La journée était donc très heureuse par les

résultats obtenus ; mais ces résultats avaient été achetés fort chers. Les morts étaient nombreux. Parmi eux, il y avait Bonardi qui la veille notait encore sur son carnet des pensées dignes de Marc-Aurèle (1).

Il y avait beaucoup de blessés. Alors que la journée semblait indécise, Herter, de Trévise, médecin des Mille, s'était jeté au plus fort de la bataille en chantant :

Ah, piangera tua madre! (2)

Il fut atteint grièvement, mais guérit.

Montanari, de Mirandole, qui avait déjà tant souffert pour la liberté, tomba un des premiers. Il avait reçu dans le genou une de ces balles ogivales-caves des chasseurs bourboniens qui déchiraient si atrocement les chairs. Il réunit ses forces pour se soulever un peu et crier à ses hommes : « Respectez vos ennemis, ne faites aucun mal aux blessés; ils sont Italiens eux aussi. » La gangrène se mit dans la blessure et il fallut lui couper la jambe. Lorsqu'on emporta le membre sanglant, ses soldats s'agenouillèrent. Quelques jours après, il mourut.

Menotti Garibaldi avait été également blessé et le bruit avait couru un instant que le général

---

(1) Quarante ans après, ce carnet fut envoyé de Sicile, par une main anonyme, à sa famille.

(2) Ah! ta mère pleurera!

lui-même avait été atteint. C'était faux, très heureusement.

La vue de tant de morts, les gémissements des blessés firent monter une grande mélancolie au cœur des volontaires. Ils s'imaginaient être partis depuis des mois, être isolés de l'univers et se représentaient l'anxiété de leurs épouses, de leurs mères, de leurs enfants, car on avait des motifs de supposer que suivant leur habitude de mensonge, les dépêches officielles transformeraient les vainqueurs en vaincus. Le parti des Bourbons pouvait, en cette occasion, travestir d'autant plus impunément les faits, qu'il savait les garibaldiens dans l'impossibilité de communiquer avec le continent. Voici le texte de la dépêche que Naples transmit à Rome et que le cardinal Antonelli signa avant de la répandre dans l'univers : « Les bandes de garibaldiens, énergiquement attaqués à la baïonnette par les troupes royales à Calatafimi, ont été mises en pleine déroute, laissant sur le champ de bataille leur drapeau et un grand nombre de morts et de blessés, dont un de leurs chefs. »

Le même procédé devait être renouvelé lors de la seconde victoire des garibaldiens. Antonelli fit cette communication officielle : « On télégraphie de Naples que le 15, les troupes royales ont remporté une victoire signalée. Garibaldi, battu pour la seconde fois au Parc, ayant perdu un canon, vaincu encore à la

Plaine-des-Grecs, fuit vers Corléone poursuivi par la milice. Graves dissentiments parmi les rebelles. »

En dépit de ces informations tendancieuses, la marche des Mille s'accélérait.

Garibaldi s'était souvent plaint, jadis, que l'ennemi trouvât parmi les paysans des guides et des espions. Cela ne se produisit pas en Sicile. Dès que les Mille eurent débarqué, les Bourboniens ne purent plus se procurer ni un guide, ni un renseignement. Les paysans observaient, mais pour le compte de Garibaldi; le soir même de sa première victoire, deux hommes se présentèrent à son camp et l'avisèrent de la retraite des troupes de Naples ainsi que de la route qu'elles avaient prises.

Le lendemain de Calatafimi, on lut aux troupes l'ordre du jour suivant :

« Soldats de la liberté italienne, avec des compagnons tels que vous, je peux tout tenter, et je vous l'ai montré hier en vous conduisant à la victoire contre un ennemi supérieur tant par le nombre que par la position qu'il occupait. J'avais compté sur vos baïonnettes. Vous voyez que je ne me suis pas trompé.

« Je déplore la nécessité de combattre des soldats italiens, et je dois avouer avoir trouvé en eux une résistance digne d'une meilleure cause.

« Et ceci vous montre ce que nous pourrons faire quand la famille italienne tout entière sera groupée autour d'un seul drapeau.

« Demain, le continent italien sera en fête pour la victoire de ses fils libres et des preux siciliens.

« Vos mères, vos amantes iront par les rues, orgueilleuses de vous, le front haut et radieux.

« Le combat nous a coûté beaucoup des plus chers de nos frères, morts au premier rang; les noms de ces martyrs resplendiront éternellement dans les fastes de la gloire italienne.

« Je dirai à notre pays les noms des braves que j'ai conduits au combat, jeunes et inexperts soldats qui demain iront à la victoire sur d'autres champs de bataille et briseront les derniers anneaux de la chaîne qui tenait prisonnière notre chère Italie. »

Ces paroles enthousiasmèrent les Mille qui visitèrent les vaincus et ceux-ci se souvenant qu'ils étaient Italiens, jurèrent qu'aussitôt guéris, ils suivraient la bannière aux trois couleurs.

Dans les campagnes que le printemps revêtait en ce moment d'une merveilleuse parure des groupes de paysans se formaient de tous côtés, acclamant leurs libérateurs. En apercevant Garibaldi, symbole de la patrie, les femmes se signaient et les petits enfants lui envoyaient des baisers. L'accueil n'était pas moins chaleureux au sein des villes.

Au milieu de ces joies populaires, Partinico donna un spectacle affreux. Cette petite ville avait été pillée récemment par les troupes bourbonniennes. Aussi, quand celles-ci y repassèrent vaincues, la population les attaqua avec fureur. Le lendemain, les garibaldiens trouvèrent dans toutes les rues, dans toutes les maisons, des cadavres étroitement enlacés l'un à l'autre et qui témoignaient de ce qu'avait été ce combat auquel les femmes elles-mêmes avaient pris part.

VI

Avec ses quelques milliers de volontaires, dont certains fort mal armés, Garibaldi allait devoir attaquer Palerme, ville fortifiée, défendue par des troupes nombreuses. L'entreprise était difficile, et semblait même chimérique. Garibaldi la tenta néanmoins en s'avisant d'un habile stratagème.

Ayant pris contact avec un important corps napolitain, il commença à se replier, puis, se dérobant lui-même de la façon la plus extraordinairement habile, il laissa un de ses lieutenants, Orsini, battre seul en retraite. Orsini fut assez adroit pour tromper l'ennemi qui croyait toujours poursuivre l'armée garibaldienne tout entière, alors qu'il n'avait devant lui qu'une poignée d'hommes. Il en fut même si persuadé que le général napolitain annonça *urbi et orbi* qu'il avait remporté une éclatante victoire.

Sur la foi de ces dépêches confirmatives de précédentes annonces de succès, les autorités de Palerme étaient donc dans une parfaite quiétude. Ceci se passait le 26. Or, voilà que le 27, à trois heures du matin, ce même Garibaldi que l'on croyait bien loin, écrasé, taillé en pièces, parut devant la porte Termini à la tête de la plus grande partie de ses volontaires et d'un fort parti de *picciotti*. La manœuvre avait été admirablement exécutée. Malgré cela, si grande était la disproportion entre les troupes garibaldiennes et celles de Naples, que la victoire semblait pour les premières impossible, d'autant plus que Palerme possédait, outre l'artillerie des forts, celle de la flotte ancrée dans le port et qui prenait en enfilade les principales artères de la ville.

Mais l'audacieux partisan ne pouvait ni ne voulait reculer. La porte Termini fut enlevée à la baïonnette. Aussitôt, on donna l'alarme. Les Palermitains dormaient. Ils se lèvent hâtivement et voient les garibaldiens. Alors un accès d'enthousiasme s'empare de la population : les hommes viennent se joindre à eux ; les femmes jettent par les fenêtres leurs meubles, puis descendent pour en faire des barricades. Ces secours semblaient cependant insuffisants, car les troupes napolitaines, revenues de leur première surprise, s'étaient mises en état de défense. Leur artillerie commença à envoyer des boulets et de la mitraille. Tukory qui commandait l'avant-garde tombe, et bien d'autres chefs sont tués. Le bruit court que Garibaldi est sérieusement atteint, alors qu'il n'est en réalité que légèrement blessé.

Malgré l'envoi de nombreux émissaires, les

renforts ne se joignaient aux garibaldiens que lentement. On en sut plus tard le motif : les Palermitains avaient bien entendu la fusillade à la porte Termini, mais ils avaient cru que c'était là une feinte des sbires napolitains pour les attirer, afin, sous prétexte d'émeute, de massacrer les patriotes.

Cependant, Garibaldi parvint presque au centre de la ville, interceptant ainsi les communications entre le palais royal et le fort de Castellemare, les deux points où étaient massées les troupes de Naples. Dans toutes les rues on organisait la résistance. Les vieillards et les enfants se joignaient aux femmes ; ils dépavaient les rues, traînaient des ballots de marchandises pour renforcer les barricades faites avec des meubles et des voitures renversées.

Tout le jour la lutte continua ainsi avec une sombre énergie. Un moment, les munitions parurent devoir manquer aux insurgés, mais ceux-ci s'emparèrent d'un dépôt de poudre et grâce à l'activité des ouvriers réussirent à renouveler leurs cartouches. Le soir les deux adversaires restèrent sur leurs positions et le lendemain le combat reprit.

Vers la fin de cette seconde journée, le commandant en chef des troupes napolitaines, sentant qu'il perdait du terrain, résolut de recourir à l'incendie.

En prévision des émeutes le gouvernement de Naples tenait entassé dans le fort un stock de goudron, d'essence de térébenthine et d'huile de naphte. Tandis que la flotte tirait boulets sur boulets et que le fort lançait des bombes sur la partie de la ville occupée par les garibaldiens, les soldats du roi parcouraient les autres quartiers, en égorgeaient les habitants, pillaient, puis répandaient des matières inflammables et y mettaient le feu. Mais rien ne parvenait à abattre ni l'énergie des insurgés, ni la valeur des *picciotti*, ni l'héroïsme des Mille.

Durant toute la nuit les incendies éclairèrent sinistrement la ville. Le 29, dès l'aube, le combat recommença et, malgré leur nombre, les troupes royales rétrogradèrent. Dans la citadelle, les vivres commençaient à manquer et la démoralisation gagnait alors qu'au contraire les défenseurs de la liberté, se sentant presque maîtres de la situation, redoublaient d'énergie et de courage. Des hommes sans armes attendaient au milieu des balles et de la mitraille que quelqu'un tombât à leurs côtés pour ramasser ses armes et combattre. On eût dit que la fatigue et la peur n'avaient point de prise sur ces braves.

Garibaldi, de son quartier général, installé dans le palais de la préture, se multipliait, envoyant des ordres de tous côtés. Le dictateur était réellement devenu l'âme de la cité. Non seulement il prévoyait jusqu'aux moindres détails, mais encore il excellait, comme toujours, à relever le moral de ses hommes. Dans un instant de panique, les *picciotti* ayant reculé, les carabiniers génois qui les suivaient furent obligés de s'arrêter. Garibaldi accourut et leur dit :

— Eh quoi ! colonnes de bronze, vous aussi vous montreriez les épaules ?

— Nous sommes à notre poste, répondit fièrement l'un des interpellés, nous avons ouvert nos lignes pour ne pas être culbutés par les fuyards.

Et cette poignée de braves, comme piquée au jeu, se surpassa elle-même. Une compagnie avait eu la plupart de ses hommes mis hors de combat ; Garibaldi s'approcha d'un soldat et l'étreignant dans ses bras :

— J'embrasse la compagnie entière, s'écria-t-il.

Si, dès le début de l'action, les officiers de Naples avaient tenté un grand effort, convergeant tous vers le centre où était le quartier général garibaldien, il est certain que l'émeute eût été écrasée. Maintenant il était trop tard. Un comité des barricades avait été institué et ceux qui le composaient — des hommes qui avaient pris en 1848 l'expérience de ces sortes de choses — accomplissaient fort bien leur tâche. Les barricades s'élevaient méthodiquement, aux bons endroits, et pour parcourir une seule rue il aurait fallu en enlever d'assaut un grand nombre dont chacune était énergiquement défendue. A l'abri de ces barricades, les femmes étaient venues prendre place parmi les combattants et il y en avait qui, montrant le poing aux officiers napolitains, leur criaient : « Ah ! scélérats, infâmes, qui prétendiez qu'il fallait couper nos cheveux pour en faire des coussins pour vos femmes, nous allons enfin vous chasser ! »

Le troisième jour, des milliers de détenus politiques et aussi de condamnés de droit commun s'échappèrent des prisons mal gardées. Garibaldi, voulant empêcher le désordre qui aurait pu en résulter, prescrivit que nul ne pourrait circuler armé, à moins d'être sous les ordres d'un des chefs reconnus. Cette précaution eut pour conséquence d'éviter le pillage et de maintenir intacte la discipline.

Chacun voulait approcher Garibaldi. « Le voir, raconte un des Mille, redoublait notre énergie et nous inventions une infinité de prétextes pour revenir au quartier général. » Afin d'être vu de tous, le héros se tenait sur les marches de la fontaine située sur la grande place en face de la préfecture ; c'est de là qu'il dictait ses ordres ; il y avait même fait porter un matelas où il prenait quelques instants de repos et rien n'était plus touchant que de voir les regards que jetaient tous ces braves sur leur chef endormi.

Quelques officiers napolitains, sentant se réveiller en eux le sentiment national, étaient venus offrir leurs services qui avaient été acceptés. Le succès, du reste, se dessinait de plus en plus.

Celles des maisons qui étaient d'abord restées hermétiquement fermées entrebâillaient leurs portes. On appelait les « chemises rouges » qui passaient et quand l'un d'eux était entré, toute la famille l'entourait ; on le forçait à accepter les vins les plus exquis, les mets les plus recherchés, et quand il déclarait n'avoir plus faim, on bourrrait ses poches de friandises. Puis, on l'embrassait, des femmes autour de lui joignaient les mains comme en prière et tous pleuraient quand il s'en allait.

Les nombreux couvents palermitains s'étaient changés en réfectoires et en hôpitaux. Les religieux, je l'ai dit, étaient bon patriotes et ils étaient heureux, n'osant se battre, de collaborer comme infirmiers et comme cuisiniers.

Soit qu'elles fussent au courant de ces sentiments, soit pour donner libre cours à leur cruauté naturelle, les troupes des Bourbons avaient saccagé plusieurs monastères. Un couvent de femmes brûlait. Une dizaine de chasseurs des Alpes s'y précipitèrent pour sauver les malheureuses nonnes. Celles-ci s'étaient réfugiées dans les salles les plus éloignées et refusaient de sortir. Elles ne cédèrent que devant la menace d'y être contraintes par la force. Elles formèrent alors une longue théorie que guidaient les soldats ; deux d'entre ces femmes étaient paralysées ; les soldats les prirent avec précaution sur leurs épaules. Et la théorie s'en fut conduite respectueusement dans un autre couvent.

Dès la fin du second jour, la ville avait changé d'aspect. Au lieu de rues désertes, c'était partout un incroyable grouillement. Les soldats de Naples étant repoussés, la fusillade avait cessé dans les quartiers du centre et les dangers que faisait courir le bombardement étaient moindres hors des maisons ; car, dans la rue, on était du moins à l'abri des écroulements. Quand une bombe tombait, chacun se jetait à terre, puis quand elle avait éclaté, on se relevait en criant : « Vive sainte Rosalie ! Vive Garibaldi ! Vive l'Italie ! »

Le commandant en chef, le vieux général Lanza, tenta un dernier effort, mais partout ses lieutenants furent repoussés et il prêta dès lors volontiers l'oreille aux propos de paix du corps diplomatique qui s'efforçait d'arrêter cette horrible lutte. Le 30, une entrevue eut lieu sur un vaisseau anglais entre Garibaldi et deux plénipotentiaires envoyés par Lanza. Un premier armistice de vingt-quatre heures y fut stipulé pour permettre d'enterrer les morts. Lanza tenta d'obtenir de Garibaldi qu'il se retirât avec les honneurs de la guerre ; mais encore que la position de ce dernier (les morts et les blessés étaient fort nombreux dans son petit corps) fût périlleuse, il s'y refusa et la fierté de son attitude en imposa au vieux bourbonien. Le découragement avait, du reste, gagné jusqu'au gouvernement de Naples. Sur ses instructions la trève fut prolongée et Palerme évacuée.

Plus de 20,000 hommes s'embarquèrent (ce chiffre indique éloquemment la disproportion des forces en présence). Les vaincus emportaient le fruit de leur pillage et laissaient derrière eux la moitié de la ville fumante encore. La postérité ne les méprisera pas moins pour la honte d'une telle retraite que pour la cruauté inouïe dont ils firent preuve durant ces trois journées où l'héroïsme de Palerme ne se démentit pas un instant.

A leur départ toute la ville poussa un immense soupir de soulagement. Il n'était pas d'attention qu'on n'eût pour les Mille. On fêtait les chemises rouges, les guides garibaldiens au pittoresque uniforme, les carabiniers génois au costume sévère. On soignait les blessés. On enterrait solennellement les morts. Les funérailles de Tukory prirent les proportions d'une apothéose.

Tukory était mort le 8 juin de la blessure reçue dès le début de ces trois jours de combat, où il commandait, ainsi que je l'ai dit, l'avant-garde.

Un autre Hongrois, le sergent Goldberg, atteint de deux blessures, était soigné dans une maison voisine. Quand il apprit la mort de son chef, un sombre et muet désespoir l'envahit, et il resta de longues heures la tête recouverte de son drap. Lui aussi semblait mort. Songeait-il qu'au jour où les proscrits magyars pourraient retourner dans leur Hongrie reprendre le grand combat, Tukory ne serait plus là pour enlever ses cavaliers, ou bien évoquait-il ces combats qu'ils avaient soutenus ensemble en 1849 pour la patrie hongroise?...

L'effort fait pour reprendre Palerme avait été tel qu'il semblait maintenant à beaucoup de garibaldiens que leur tâche était achevée.

Entre autres résultats excellents, le succès de Garibaldi avait eu celui de rendre plus active la propagande des comités qui s'étaient constitués dans la Haute-Italie pour lui envoyer des volontaires et de l'argent. On voulait lui donner les moyens d'en finir avec les Bourbons. Des officiers italiens demandaient des congés ou quittaient l'armée, les uns ouvertement, d'autres sous des noms d'emprunt — morts anonymes de demain ! — et rejoignaient le corps garibaldien. Les dames de la plus haute aristocratie se faisaient un devoir patriotique d'aller quêter à domicile : le riche déposait dans la jolie main tendue ses économies d'une année, le pauvre se privait, en souriant, de son repas du soir. Admirable élan où ceux qui donnaient le plus étaient ceux qui donnaient le moins !

A Palerme, tandis que les Mille prenaient un repos bien gagné, on fabriquait fiévreusement des munitions ; une fonderie avait même été établie.

François II se décourageait de plus en plus et la nouvelle victoire remportée par les garibaldiens à Milazzo lui donna la pensée d'abandonner l'île pour sauver du moins le continent.

Stratégiquement, cet abandon était inexcusable, car à Milazzo — comme dans la plupart des combats de cette guerre où il rencontrait des troupes plus nombreuses que les siennes, mieux armées, et où une seule défaite aurait eu des conséquences fatales — Garibaldi, pendant plus de la moitié de la journée, avait semblé vaincu et il lui avait fallu accomplir pour obtenir la victoire de vrais prodiges de valeur et de ténacité. Chaque fois, les garibaldiens eurent plus de morts et de blessés que leurs adversaires. Mais le découragement était tel à la cour de Naples, que loin de chercher à reprendre ce qu'on avait perdu, on reculait chaque jour davantage et bientôt Messine, le dernier rempart des Bourbons dans l'île, se rendit.

Dès lors, Garibaldi n'eut plus qu'une pensée : envahir la Calabre. Il reçut de Victor-Emmanuel une lettre qui était un encouragement à peine déguisé. Mais le passage du détroit était chose difficile. Grâce à Bertani, le représentant de Garibaldi à Gênes, des renforts arrivaient exactement. Des Polonais, des Hongrois, des Anglais, des Français (pour la plupart hommes de lettres ou artistes) se joignaient aux volontaires italiens. Le total de ces volontaires n'était pas bien considérable. D'ailleurs, il fallut avant tout combler les vides laissés par les engagements meurtriers de Palerme, de Milazzo, etc., si bien que l'effectif des troupes garibaldiennes en Sicile n'atteignait pas 15,000 hommes. En face, en Calabre, plus de 100,000 soldats étaient réunis et une flotte puissante croisait dans le détroit.

Au débarquement en masse qui eût provoqué l'attention de l'ennemi et eût risqué de faire anéantir toutes ses forces, Garibaldi préféra tenter une série de coups de main nocturnes qui, d'ailleurs, ne réussirent point, mais ne lui causèrent pas de pertes sérieuses et eurent tout au moins l'avantage d'obliger l'ennemi à diviser ses forces. Sur ces entrefaites, Garibaldi remit à Sartori le commandement de son armée et... disparut.

Où était-il ? Nul ne savait et les garibaldiens se le demandaient anxieusement. Il était en Sardaigne. Dans cette île se trouvait un corps de 9,000 volontaires que Bertani avait réunis en vue d'une attaque contre les Etats pontificaux. Mais le gouvernement italien s'étant énergiquement opposé à ce projet, il les avait transportés, presque de force, en Sardaigne en leur promettant de les mettre à la disposition de Garibaldi. Celui-ci prévenu, vint chercher lui-même ce providentiel renfort qui doublait presque son effectif. Dès son retour en Sicile, il fit avec plein succès passer son armée sur le continent.

VII

Aussitôt débarqués, les garibaldiens, guidés par des patriotes du pays, se mirent en marche sur Reggio. L'entreprise était décisive, car vaincus ils auraient été jetés à la mer. Leur chef voulut donc engager le combat dans les meilleures conditions, et pour éviter à ses troupes toute fatigue, coupa par de nombreuses haltes la marche de nuit.

Au petit jour on donna l'assaut. Après une courte résistance dans laquelle plusieurs chefs garibaldiens, dont Bixio, furent blessés, les troupes de Naples se retirèrent dans les forts. Le soir même toute la ville était au pouvoir de Garibaldi. Celui-ci qui n'appréciait pas moins le sang-froid que le courage ne manqua pas, comme il faisait toujours à la nuit tombante, de recommander à ses jeunes soldats le plus grand calme et de les mettre en garde contre toute panique. Mais quelques heures après, un coup de feu étant parti on ne sait d'où, toutes ces belles recommandations furent oubliées : chacun tira au hasard et ce fut miracle qu'on n'eût aucune perte à déplorer. Garibaldi qui se trouvait à cheval au milieu de ses hommes eut son chapeau traversé par une balle.

Le lendemain, il courut également un grave danger. Il avait laissé le commandement de la ville à Bixio et était monté, suivi d'une seule compagnie, sur les hauteurs voisines afin de se rendre un compte exact de la situation. A peine y était-il parvenu, qu'il vit déboucher une colonne ennemie forte de plus de deux mille hommes. Il se hâta de disposer sur le point culminant sa compagnie. Elle était si peu nombreuse qu'elle eût été balayée si les Napolitains avaient tenté l'assaut ; mais, fidèles à leur habitude, ceux-ci avancèrent lentement, s'arrêtant pour exécuter des feux de salve. Cette tactique fut leur perte. Le tir des garibaldiens commença à les décimer et donna aux renforts envoyés par Bixio le temps d'arriver et de changer en victoire complète une rencontre qui promettait d'être fatale.

Les forts ne tardèrent pas à se rendre. Non seulement Garibaldi trouva là une grande quantité de vivres, d'armes et de munitions, mais encore il eut en Reggio une excellente base d'opérations sur le continent même.

Parmi les Français qui firent campagne avec les Mille, j'ai signalé Deflotte. C'était un ancien représentant de Quarante-Huit qui avait été proscrit par le gouvernement impérial. Depuis Calatafimi, pas un combat où il ne se fût distingué. Il fut tué dans une escarmouche, lors du débarquement en Calabre.

Les corps napolitains se rendaient les uns après les autres, soit par patriotisme, soit par lâcheté, et les officiers ne parvenaient pas à retenir leurs hommes. Garibaldi captura notamment des batteries d'artillerie de campagne. A Soveria enfin, une division forte de huit mille hommes capitula. Le butin en canons, en fusils, en munitions, fut énorme. Ce n'était plus une campagne de guerre, c'était une promenade militaire au milieu de peuples qui acclamaient leur libérateur.

Peu de cours ont à l'heure de la débâcle infligé à l'humanité un spectacle aussi écœurant que celui donné par François II, inconsistant fantoche, et par ceux qui l'entouraient.

Aux puissances, le roi de Naples avait demandé la neutralisation de son royaume ou du moins de ce qui en restait. L'Angleterre ne lui cacha pas son antipathie. La France lui donna quelques bonnes paroles et quelques sages avis. La Russie, la Prusse, l'Autriche l'appuyèrent de stériles protestations d'amitié. Le Pape, son meilleur soutien, était impuissant. Quant au Piémont, ses sentiments étaient connus.

Alors, il octroya une constitution ; mais son père et lui-même avaient trop souvent menti pour que le peuple ajoutât foi à de mielleuses paroles suggérées par la peur.

Il s'abaissa enfin jusqu'à implorer Garibaldi, lui offrit de l'argent, cinquante mille hommes de troupes et toute la flotte napolitaine pour une guerre contre l'Autriche. Le dictateur méprisa cette honteuse proposition (François II avait toujours été l'ami de la monarchie des Habsbourg).

L'esprit de révolution faisait de rapides progrès. Les lazzaroni, qui s'étaient toujours montrés royalistes fervents, brûlaient maintenaient les bureaux de police. On criait au nez des sbires : « Vive l'Italie une! Vive Victor-Emmanuel! » Et si l'un d'eux faisait mine d'intervenir, on le rossait d'importance.

Le général Nunziante, un des plus fermes et des plus constants soutiens du trône des Bourbons, renvoya au roi ses décorations, donna sa démission et dans un ordre du jour enjoignit aux soldats de ne se battre que pour la cause nationale. Chaque jour, on apprenait une défection nouvelle : les corps de troupes, les uns après les autres, passaient à Garibaldi. Les hauts fonctionnaires fuyaient ou manifestaient bien haut des sentiments italiens et la noblesse, j'entends celle qui avait toujours tenu pour les Bourbons, émigrait à Rome où elle formait un petit Coblentz cancanier, pusillanime et vantard.

La cour était incapable d'une décision. Les

deux oncles de François II l'avaient abandonné. Seuls, le ministre de France Brenier et le général Pianell osèrent dire au souverain qu'en un tel cas un roi se met à la tête de ce qu'il a de troupes fidèles (il restait cinquante mille hommes environ), afin de vaincre ou de mourir. C'était prêcher dans le désert. Le 6 septembre, emportant précipitamment toutes les richesses qu'il put réunir, François II s'enfuit à Gaète. Sa flotte ayant refusé de le transporter, il dut recourir à un vaisseau espagnol. La veille, les troupes fidèles s'étaient repliées derrière le Volturne.

Le jour même de la fuite royale, Garibaldi reçut dès le matin à Salerne les députations napolitaines, et il adressa « à la chère population de Naples » la proclamation suivante :

« Fils du peuple, c'est avec un véritable respect et un véritable amour que je me présente à ce noble et important centre de population italienne, que bien des siècles de despotisme n'ont pu humilier ni contraindre à plier le genou devant la tyrannie. Le premier besoin de l'Italie était la concorde pour parvenir à l'Unité de la grande famille italienne : aujourd'hui, la Providence a pourvu à cette concorde par la sublime unanimité de toutes les provinces à tendre à la reconstitution nationale ; pour l'Unité, elle a donné à notre pays Victor-Emmanuel que nous pouvons dès cet instant appeler le véritable père de la patrie italienne. »

Le 7 décembre, le dictateur qui avait devancé son armée, entra seul à Naples où la garde nationale maintenait l'ordre. Il traversa toute la ville à cheval. Sa chemise rouge provoquait les acclamations. Le soir, on illumina et les lazzaroni, s'interrompant par instants de danser dans les rues, criaient : « Vive l'Italie une ! » et ils portaient l'index de leur main droite à la hauteur du front. La population riche ne leur cédait point en enthousiasme et les équipages emplissaient la fameuse rue de Tolède éclairée à giorno. On délirait d'une joie patriotique ainsi que du bonheur de voir à terre une dynastie abhorrée et méprisée.

Naples, pays de la superstition, prêta également à Garibaldi et même amplifia les vertus magiques que la Sicile lui avait attribuées.

— Après la bataille, disait l'un, il secoue sa chemise qui est enchantée et des balles tombent à terre où elles roulent comme des billes, quand jouent les enfants.

— Rien d'étonnant à cela, répondait un autre, il est invulnérable.

— Il a été vacciné avec une hostie consacrée, affirmait un troisième.

VIII

Différer n'était plus possible. Il fallait que Victor-Emmanuel guidât le flot populaire italien ou que ce flot le submergeât. Avec son admirable sens des réalités, sa perception de l'effort possible et du moment opportun, Cavour le comprit. Il avait jugé qu'il pouvait s'en prendre au pouvoir pontifical et tout de suite il l'attaqua.

La France soutenait bien toujours le Pape. Mais la neutralité de celui-ci pendant la guerre de 1859 avait été si ostensiblement et si nettement partiale en faveur de l'Autriche, que le grand ministre italien prévoyait que nous ne dépasserions pas les limites d'une protestation platonique, d'autant qu'il s'agissait simplement d'annexer les Marches et l'Ombrie ou plus exactement de souscrire aux vœux de ces provinces. « Le roi, disait Cavour, a écouté les députations des populations insurgées de l'Ombrie et des Marches venant implorer sa protection : il demande à la cour de Rome d'éloigner les troupes étrangères. Sur son refus, il fera entrer ses troupes, et les populations manifesteront librement leur sentiment. Cette intervention ne concerne que les provinces; le roi respectera la ville de Rome. » Et Cavour, soulignant, ajoutait : « Nul gouvernement n'a le droit d'abandonner aux caprices d'une bande de soldats d'aventure les biens, l'honneur et la vie des habitants d'un pays civilisé. » Ces bandes, c'était les nouveaux soldats pontificaux.

Voulant avoir les coudées plus franches encore dans la politique qu'il avait adoptée, Antonelli avait, en effet, créé à Rome une force militaire cosmopolite, espérant pouvoir se passer ainsi à bref délai des troupes françaises. Il s'adressa pour commander cette force à Lamoricière qui, après avoir été un brillant général d'Afrique et avoir professé des opinions républicaines, avait versé dans l'ultra-cléricalisme. Les troupes qu'on mettait à sa disposition étaient un mélange confus dont il n'y avait pas grand'chose à espérer. On en acquit la preuve quand elles durent résister aux troupes italiennes. Les Français et les Belges se battirent héroïquement ; leur chef, M. de Pimodan, fut tué. Lamoricière lui-même était toujours au premier rang. Mais les autres corps étrangers ne montrèrent qu'une énergie très relative. Quant aux troupes pontificales italiennes, elles se débandèrent dès le premier coup de feu, et lorsque leurs officiers voulurent les ramener au combat, elles tirèrent sur leurs compagnons d'armes. En dix-huit jours, la campagne fut terminée sans grande effusion de sang. L'armée italienne occupait toutes les provinces pontificales à l'exception du patrimoine de Saint-Pierre et de la campagne de Rome que les troupes françaises avaient reçu l'ordre de conserver au Pape. Dans les Marches comme dans l'Ombrie, les populations votèrent d'enthousiasme leur annexion à l'Italie.

A Naples, Garibaldi avait, dès son entrée, proclamé que la justice serait rendue au nom de Victor-Emmanuel et il avait mis sous les ordres du contre-amiral piémontais Persino la flotte napolitaine. Mais on attendait de lui davantage : on désirait l'annexion pure et simple, d'autant que ses sous-ordre, Crispi notamment, ne sachant pas s'élever au-dessus d'étroites conceptions mazziniennes, avaient pris quelques décisions malheureuses. Par contre, l'attitude des troupes était excellente. Ainsi, l'évêque d'Ariano ayant excité un mouvement bourbonnien, Turr fut envoyé avec sa division pour rétablir l'ordre dans le pays. Sa conduite y fut si pleine d'humanité et même de courtoisie, que l'évêque écrivit à Garibaldi pour le remercier et que le peuple de cette région, peu acquis jusque-là aux idées nouvelles, se rallia subitement. Les Abruzzes n'en restaient pas moins dans l'ensemble opposés au nouvel état de choses.

L'armée bourbonnienne fidèle occupait une excellente position stratégique. Elle était disciplinée et avait derrière elle les deux forteresses de Capoue et de Gaète. Le dictateur l'attaqua. La journée fut meurtrière, mais se termina par une incontestable victoire garibaldienne, victoire fort belle au point de vue stratégique et par l'héroïsme déployé, mais qui n'amena cependant que peu de changement dans la situation. Quarante mille hommes restaient menaçants derrière le Volturne. Une nouvelle guerre commençait qui exigeait des qualités tout autres que celles déployées jusqu'ici par les Mille. La discipline allait devenir préférable à la fougue. Il ne s'agissait plus de tenter des surprises, de faire le coup de feu ou de monter à l'assaut, mais de livrer des batailles rangées et d'entreprendre de longs sièges. Les beaux jours de l'aventure étaient passés.

Pour cette nouvelle guerre, il aurait fallu à Garibaldi des renforts. Mais la Haute-Italie n'envoyait plus qu'un petit nombre de volontaires, la Sicile n'avait formé que quelques corps et, quant à Naples, si on y montrait une joie trop vive de la délivrance, on n'y manifestait aucune velléité de s'engager.

C'est à ce moment que Mazzini, homme de parti plutôt qu'homme de la patrie, conseilla au dictateur de réunir ses hommes et de... marcher contre le pape. Garibaldi refusa : « Je ne saurais, dit-il aller à Rome en laissant derrière moi 60,000 hommes (en réalité 40,000 seulement) et deux forteresses; pendant mon absence on reprendrait Naples. » Et il eut un sourire quelque peu ironique pour l'utopiste qui ne tenait pas compte du moment ni de l'opportunité. J'imagine que les impatiences de Garibaldi mirent plus d'une fois ce sourire-là aux lèvres de Cavour.

IX

Quand le dictateur apprit la résolution du gouvernement italien d'envahir les Etats pontificaux, il comprit tout de suite que l'honneur de la suprême victoire ne lui reviendrait point, mais cela ne le chagrinait aucunement de partager la gloire avec Victor-Emmanuel pourvu que l'Italie fût libre. Il alla même plus loin dans ce qui lui paraissait la voie des concessions : « Il m'importe peu, écrit-il, que le Pape reste à Rome comme évêque ou même comme chef de l'Eglise catholique, mais il faut lui enlever la puissance temporelle et forcer la France à rappeler ses soldats. Si le gouvernement sarde est capable de réussir tout cela par des moyens diplomatiques, qu'il le fasse, mais vite, parce que s'il tarde personne ne pourra m'empêcher de résoudre la question avec mon épée. »

Cavour sentait, je le répète, qu'il ne pouvait encore aller si loin. La majorité de l'Europe était monarchiste et, par conséquent, très hostile à la jeune Italie, à ce point que la Prusse avait suggéré à l'Autriche l'idée d'une ligue « contre l'ambition effrénée du roi de Sardaigne ». Napoléon III et l'Angleterre étaient seuls favorables au nouveau royaume. Or, Napoléon III exigeant qu'on respectât le patrimoine de saint Pierre, il fallait se contenter pour l'instant de l'Ombrie et des Marches, ce qui d'ailleurs suffisait pour que le Nord pût donner librement la main au Midi.

Tout en ajournant l'époque de l'entrée à Rome, Cavour ne dissimulait plus néanmoins ses intentions. Le 2 octobre, il terminait par les paroles suivantes un discours par lequel, il demandait à la Chambre de sanctionner l'annexion des provinces méridionales conformément aux vœux qu'elles avaient manifestés : « Nous voulons que la Ville éternelle devienne la capitale de l'Italie. A quelle condition, quand et comment? c'est ce qui peut être encore difficile à dire; mais nous avons la confiance que le temps résoudra la question en montrant que la liberté est favorable à la religion. Pour la Vénétie, le gouvernement cède à l'Europe qui ne veut pas que le Piémont fasse la guerre à l'Autriche. L'Europe nous croit impuissants à délivrer Venise par nos seules forces, montrons-nous unis, l'Europe changera d'opinion. Là est encore pour nous la solution. »

Quelques jours après le roi se mettait luimême à la tête de son armée afin de se diriger sur Naples et lançait la proclamation suivante : « Peuples de l'Italie méridionale, mes troupes s'avancent parmi vous pour consolider l'ordre.

Je ne viens pas vous imposer ma volonté, mais faire respecter la vôtre. Vous pourrez librement la manifester. La Providence, qui protège les causes justes inspirera le vote que vous déposerez dans l'urne. Quelle que soit la gravité des événements, j'attends avec calme le jugement de l'Europe civilisée et celui de l'histoire, parce que j'ai la conscience d'accomplir mon devoir de roi et d'Italien. Ma politique ne sera peut-être pas inutile pour réconcilier en Europe le progrès des peuples avec la stabilité des monarchies. Je sais que je mets un terme en Italie à l'ère des révolutions. »

Avant même d'avoir connu la décision du roi, Garibaldi lui avait écrit pour le féliciter de la victoire de Castelfidardo remportée par Cialdini sur Lamoricière et pour lui annoncer sa propre victoire sur le Volturne ; il lui demandait de venir à Naples.

Crispi, Bertani, Cattanéo et quelques autres cherchaient toujours à obtenir du dictateur qu'il éloignât l'heure du plébiscite, tandis qu'au contraire Conforti, Depretis, Turr et surtout Pallavicini, ce noble propagateur de l'indépendance qui avait souffert dans les cachots du Spielberg, soutenaient qu'il fallait appeler le plus tôt possible le peuple des Deux-Siciles à faire connaître librement sa volonté. Pallavicini avait même trouvé une formule très heureuse qui évitait le mot annexion : « Le peuple veut l'Italie une et indivisible avec Victor-Emmanuel comme roi constitutionnel. »

Garibaldi n'hésita pas sur son devoir et fixa au 21 octobre la date du plébiscite. Ayant pris cette décision qui marquait la fin prochaine de son pouvoir dictatorial, il adressa aux puissances d'Europe un manifeste dans lequel il réclamait le désarmement général et faisait appel à la solidarité des peuples.

Les résultats du plébiscite furent : 1 million 310,266 *oui*, 10,012 *non* et 100,000 *abstentions*. Garibaldi réunissant alors ses volontaires alla au-devant du roi.

Il le rencontra le 26 à Caianello. On a fait de cette entrevue mémorable des récits nombreux et parfois divergents. Voici la version que je tiens de la bouche même d'un témoin.

Il était environ 6 heures du matin lorsque les musiques entonnèrent la *Marche Royale*. Presque aussitôt le roi parut monté sur un cheval arabe. Garibaldi, vêtu de la blouse rouge et du grand foulard, souleva son chapeau en criant : « Salut au roi d'Italie ! » Victor-Emmanuel répondit : « Merci. » Il ajouta : « Comment vous portez-vous, mon cher Garibaldi ? — Bien, et Votre Majesté ? — Bien aussi. » Le général voulut alors tenir l'étrier du roi pour l'aider à descendre, mais Victor-Emmanuel ne le lui permit pas et sauta à terre. Les deux hommes s'embrassèrent.

Après avoir causé un quart d'heure environ, le roi et le général remontèrent à cheval et firent, durant un certain temps, route ensemble. Leurs escortes étaient confondues : il n'y avait plus qu'une Italie. Comme on parlait d'un combat imminent sur le Garigliano, Garibaldi réclama pour ses volontaires l'honneur d'être placés à l'avant-garde, mais le roi souriant : « Vous vous battez depuis longtemps, c'est à mon tour ; vos troupes sont fatiguées, les miennes sont fraîches; formez plutôt la réserve. » Quelques heures après, ayant quitté le roi, Garibaldi ne put s'empêcher de dire avec amertume : « On nous a mis à la queue. »

Il rentra à Naples où il commandait encore en maître.

X

Je crois intéressant de noter les derniers actes publics de sa dictature.

Le 29 octobre, il écrivit à Victor-Emmanuel une lettre affectueuse dans laquelle après avoir, « remis entre ses mains le pouvoir sur dix millions d'Italiens qui avaient grand besoin d'un régime réparateur », il demandait au roi de « prendre sous sa tutelle tous ceux qui avaient été ses collaborateurs dans la grande œuvre d'affranchissement de l'Italie méridionale et d'accueillir dans l'armée royale ses compagnons d'armes qui avaient bien mérité de la patrie. »

Le 31, il remit solennellement à la légion hongroise une bannière brodée à son intention par les dames de Naples.

Capoue s'était rendue à l'armée royale le 2 octobre. De Naples on avait entendu le bombardement et les Garibaldiens avaient eu le chagrin de ne pas participer à la victoire qu'ils avaient préparée. Quinze jours auparavant le colonel garibaldien Griziotti avait dit au dictateur : « Général, laissez-moi lancer deux bombes sur la citadelle et elle se rendra. — Non ! répondit-il, si un enfant, une femme, un vieillard, était tué par une de nos bombes il me semble que je ne serais plus en paix avec ma conscience. — Mais nos jeunes gens se consument de fièvre pendant ce siège ; j'en vois chaque jour s'étioler ou mourir. — Nous sommes venus ici pour mourir. — Les Piémontais vont arriver, général ; ils n'auront pas semblables scrupules ; avec quelques bombes ils obtiendront la reddition de la cité, puis après ils diront qu'ils ont tout fait. — Laissez-les dire, nous ne sommes pas venus ici pour la gloire. »

Le 3, il y eut sur la vaste place Saint-François-de-Paule toute pavoisée, en face du palais royal, distribution solennelle des médailles que la ville de Palerme avait fait graver pour les Mille. Garibaldi était au centre, entouré de dames, de généraux, de fonctionnaires, et portant le chapeau qu'il avait à Marsala. Il s'approcha des troupes et leur dit de sa voix claire et forte : « Soldats de l'indépendance italienne, jeunes vétérans de l'armée libératrice, je vous remets les médailles que la municipalité de Palerme vous a décernées. Nous évoquerons d'abord nos morts. » Alors un officier commença d'appeler les noms de ceux qui avaient succombé. Cet appel fut très impressionnant. Après le juste hommage aux mânes des héros de l'indépendance, on fit l'appel des vivants. A chacun une jeune fille épinglait sur la poitrine, en se haussant sur la pointe des pieds, une médaille. « Voyez toutes ces figures ! dit le général à une dame assise près de lui ; je les connais toutes, elles seront toujours devant moi, tant que je vivrai. »

Le 6, enfin, sur la place de Caserte, Garibaldi passa une derniere fois en revue la glorieuse phalange, environ 12,000 hommes. Depuis plusieurs heures les volontaires étaient sous les armes et le bruit courait que le roi viendrait assister à la revue et qu'on l'attendait ; on attendit longtemps, mais il ne parut point. Garibaldi passa donc la revue seul et c'est devant lui seul que défilèrent les troupes. On sentait que c'était son dernier acte de commandement et beaucoup de ses volontaires avaient envie de lui crier : « Général ! pourquoi ne nous conduisez-nous point vers Rome ? Nous sommes prêts à jalonner cette route de nos cadavres. » Les Vénitiens surtout étaient tristes en songeant qu'un temps bien long s'écoulerait sans doute encore avant que Venise ne soit libre. Quant au général, il était pâle comme la mort. « Je ne sais pas, écrit un des Mille, les noms de ceux qui étaient à ses côtés, car je ne vis que lui. Peu avant, on m'avait dit qu'il allait partir pour Caprera et je songeais à nous tous, qu'une bourrasque allait venir, nous prendre comme des feuilles mortes et nous jeter chacun au seuil de notre maison et que jamais, pas un jour, pas un instant, nous ne serions à nouveau réunis comme nous l'étions à cette heure. »

Le lendemain, Victor-Emmanuel fit son entrée dans Naples, en voiture. Garibaldi était assis à ses côtés. Il pleuvait, mais la pluie n'avait pas diminué l'enthousiasme. Les Napolitains saluèrent avec ivresse ce jour si longtemps attendu.

Le 8, dans la grande salle du trône, le dictateur remit à Victor Emmanuel le plébiscite des Deux-Siciles, puis il adressa à ses compagnons d'armes un ordre du jour qui était à la fois un adieu et un rendez-vous pour de prochains combats.

Il refusa tout ce qu'on lui offrit, et le 9 octobre, dès l'aube, presque clandestinement, accompagné seulement de quelques familiers, il s'embarqua pour Caprera.

CINQUIÈME PARTIE

CAPRERA

I

Pendant son absence, un de ses amis lui avait fait édifier à côté de son ancienne demeure une nouvelle maison, modeste encore, mais plus commode. Garibaldi fut très touché de l'attention, mais continua à dormir dans la petite chambre qu'il avait construite lui-même. Tout de suite il organisa sa vie qui fut d'une extrême simplicité.

Il se levait avec le jour, pêchait, chassait, et cultivait ses quelques lopins de terre, champs et vignobles en miniature.

Il recevait un volumineux courrier. Son secrétaire ou un ami complaisant le lui résumait, il ne répondait ou ne faisait répondre qu'à un petit nombre de lettres. Par contre, il recevait toutes les personnes qui désiraient le voir, et

Dieu sait combien il en débarquait chaque vendredi du paquebot de Sardaigne! Guerzoni qui a passé plusieurs mois à Caprera a esquissé de façon pittoresque les silhouettes de ces visiteurs.

« Les représentants de toutes les races et de toutes les couleurs, dit-il, s'y heurtaient. De vieux amis et des compagnons d'armes du général se voyaient importunés par des curieux. Le jeune enthousiaste à la conquête d'une signature ou d'une photographie coudoyait l'escroc qui venait proposer une commandite ou le besogneux sollicitant une aumône. Caprera était devenue la Mecque de la démocratie. Des députations y retrouvaient des ambassades politiques. L'Anglaise philanthrope, l'émancipatrice américaine, la socialiste russe s'y rencontraient. Plus d'une fois le même paquebot porta des émissaires occultes de Mazzini et des agents secrets du roi. Tous ceux qui rêvaient de leur cité souffrante ou conspiraient pour leur patrie venaient vers Garibaldi qu'ils fussent ou non Italiens. Ces visiteurs, le héros les recevait tous avec une égale courtoisie et si son hospitalité pouvait parfois paraître maigre à celui qui la recevait, elle n'en était pas moins fort dispendieuse pour celui qui la donnait, car sa bourse était mince et les hôtes étaient nombreux. »

Bientôt discours et réceptions ne suffirent plus au général. Il avait la nostalgie d'un rôle plus actif. Aussi profita-t-il de la première occasion qui lui fut offerte pour rentrer en scène.

Le 18 février 1861, un Parlement dans lequel des Napolitains et des Siciliens coudoyaient des Toscans, des Romagnols, des Lombards, des Piémontais était pour la première fois réuni. Ce Parlement proclama Victor-Emmanuel roi d'Italie et décida que le Statut piémontais deviendrait la constitution de la nouvelle monarchie.

Une des questions les plus délicates était celle des volontaires. Entre les deux armées, la régulière et la garibaldienne, il y avait quelques jalousies. Les officiers de la première ne voyaient pas sans quelque hostilité ceux de la seconde qui avaient eu forcément un avancement plus rapide ; la fusion entre ces deux forces était, par suite, fort délicate à réaliser. On se souvient qu'avant de gagner Caprera, le dictateur avait recommandé au roi ses officiers et ses soldats. Mais il y avait tout un parti de royalistes intransigeants, non moins étroits d'idées que certains mazziniens, qui réunissaient leurs influences pour contrecarrer tout ce qu'on proposait en faveur des garibaldiens. Le général Fanti, notamment, réclamait qu'on les licenciât avec une simple gratification. Cavour ne l'entendait pas ainsi : « Sur ce point, déclara-t-il, je ne transigerai pas. Plutôt que d'assumer la responsabilité de cet acte de noire ingratitude, je préférerais aller m'enterrer à Leri (sa propriété). Je méprise tellement les ingrats que je ne me sens nulle colère contre eux et que je leur pardonne leurs injustices à mon égard, mais, par Dieu ! je ne pourrais supporter la honte de voir méconnus des services comme ceux de la conquête d'un royaume de 9 millions d'habitants ! »

Malgré la bonne volonté du ministre, il lui était fort malaisé de concilier des intérêts aussi divergents. Quant aux volontaires, comme ils n'obtenaient point ce qu'ils réclamaient, ils adressaient, à Caprera, lettres sur lettres.

Bientôt une seconde question vint compliquer les difficultés : les provinces méridionales se plaignaient. Pendant sa dictature et en dépit des erreurs commises par certains de ses fonctionnaires, Garibaldi y avait introduit d'utiles réformes, mais édicter de bonnes mesures ne suffisait pas, il fallait les appliquer! Or, telle était la dépression morale laissée par l'administration des Bourbons, que le peuple n'était pas capable de se diriger sagement dans les voies du progrès qu'on lui ouvrait aussi brusquement. La situation financière et commerciale était déplorable. Il n'y avait pas d'industrie, et l'agriculture était excessivement arriérée. Cavour n'avait pu remédier en quelques mois à cet état de choses. De là, des récriminations irraisonnées que Garibaldi épousa d'autant plus volontiers et plus ardemment qu'il était mécontent de n'avoir pas obtenu satisfaction pour ses volontaires. Ceci l'amena à accepter la candidature législative que lui offraient les collèges de Naples. Il fut élu le 30 mars à la presque unanimité et le 1er avril il quittait Caprera.

Les partis avancés du Parlement étaient impatients d'entrer en lutte contre la majorité ministérielle. L'arrivée parmi eux de Garibaldi leur en fournit l'occasion souhaitée. Le général fit son apparition revêtu du fameux costume qu'il portait toujours depuis Quarto. Cela seul semblait une manifestation qui enchanta l'extrême gauche. Aussi ne manqua-t-on point d'exciter la mauvaise humeur de Garibaldi. Ce dernier n'écouta que trop facilement ces mauvais conseils et son attitude pendant les séances des 18, 19 et 20 avril fut regrettable. Il se laissa aller jusqu'à accuser Cavour de vouloir « provoquer une guerre fratricide ». Des exclamations indignées l'arrêtèrent, et Bixio prononça les paroles suivantes : « Je me lève au nom de la concorde et de l'Italie. Ceux qui me connaissent savent que j'appartiens avant tout à mon pays. Je suis parmi ceux qui croient à la sainteté des pensées qui ont guidé le général Garibaldi en Italie, mais je suis aussi de ceux qui ont foi dans le patriotisme du comte de Cavour. Je demande donc au saint nom de Dieu, qu'on mette l'Italie au-dessus des partis. Je sais bien que mon discours n'est guère parlementaire. Mais je vois qu'il se glisse entre le général Garibaldi et le comte de Cavour une infinité de personnes qui soufflent la discorde et je ne puis m'empêcher de le dire ! J'ai une famille, je la donnerais et je me donnerais volontiers moi-même pour que ces deux grands hommes et ceux qui, comme M. Rattazzi, ont dirigé le mouvement italien se serrent la main. Pour l'amour de Dieu, ne pensons qu'à une chose : notre pays n'est pas encore assez amalgamé, ces discussions lui font du tort dans l'opinion de l'étranger. Le comte de Cavour est généreux ; la première partie de la séance d'aujourd'hui doit être oubliée. C'est un véritable malheur que ces incidents aient eu lieu, il faut qu'ils soient chassés de notre esprit. Voilà ce que je voulais dire. »

Ce discours où chaque mot respire le courage civique honorera Bixio devant la postérité non moins que son courage militaire. Cavour répondit noblement et prononça lui aussi des paroles de concorde auxquelles Garibaldi se rallia. Victor-Emmanuel chercha à cimenter la réconciliation « de l'esprit et du bras de sa politique ». Le ministre y était tout disposé. Il n'avait jamais caché qu'il considérait que « Garibaldi avait rendu à l'Italie les plus grands services qu'un homme pût rendre », et son élévation d'esprit le rendait inaccessible à la haine. N'avait-il pas, après la séance, dit à La Farina : « Pourtant... quand viendra le moment de la guerre je prendrai le général Garibaldi par le bras et je lui dirai : allons voir ce qui se passe à Vérone. » Quant à Garibaldi, dont le cœur saignait toujours de la blessure que lui avait faite l'annexion de Nice à la France et qui refusait d'admettre que sa ville natale eût elle-même voulu être française, il mit infiniment moins de bonne grâce que le ministre dans leur réconciliation. Cependant il repartit pour Caprera.

Quelques semaines après, Cavour tomba malade et mourut presque subitement. L'Italie perdait en lui le plus grand de ses fils. Et c'est avec raison qu'à ses obsèques, Verdi pleurait « comme un enfant », en répétant que c'était la fortune de la patrie qui était descendue au tombeau car plus que Victor-Emmanuel et que Garibaldi, Cavour avait fait l'Italie.

II

Rattazzi lui succéda comme président du Conseil. Cet homme d'Etat avait peut-être trop de tendance à louvoyer entre les obstacles plutôt que de les aborder de front. On lui prêtait même une certaine duplicité de caractère. C'était incontestablement une intelligence; mais il n'avait pas — Cavour seul l'avait eue — l'autorité nécessaire pour contrecarrer les projets de Garibaldi qui voyait la Rome papale se dresser devant lui comme un cauchemar.

Le général fit à travers l'Italie un voyage triomphal. Les préfets le reçurent officiellement. A Crémone, l'évêque, gravement malade, se leva pour aller à sa rencontre, et douze femmes dont les pères, les maris, les fils, sont morts pour la patrie, lui présentèrent une adresse où elles lui promettaient qu'à son premier appel elles tiendraient à honneur d'envoyer tous ceux qui leur étaient chers « à la libération de leurs sœurs encore esclaves ». Bien entendu, cette atmosphère d'enthousiasme et les cris sans cesse répétés de « Rome et Venise » ne firent que le confirmer dans son intention à l'égard des deux cités.

Ainsi tout concourait, le désir des peuples et l'effacement presque complice du gouvernement, à pousser le héros aux déterminations extrêmes.

Il faisait toujours montre du plus grand loyalisme. A Parme, accueilli dans une réunion d'ouvriers par les cris de : « Vive Garibaldi ! Vive Mazzini ! », il répliqua : « Vive Victor-Emmanuel ! ». Mais beaucoup d'intrigants l'entouraient, le poussaient à signer des lettres qu'il n'aurait jamais écrites spontanément, ni comme fond, ni comme forme.

Le voilà à Palerme. « Si l'Italie avait eu deux villes comme Palerme, écrivait-il plus tard, rien ne nous aurait empêchés de parvenir à Rome. » Il avait réuni plus de trois mille volontaires. « Je n'en avais pas tant en 1860, » répétait-il. Mais ces volontaires n'étaient pas comparables à ceux qui prirent part à la glorieuse expédition. C'étaient, en majorité, des aventuriers et de pauvres hères; plus d'une fois il fut accueilli par eux aux cris de : « Du pain ! du pain ! » Dans l'ivresse de son rêve, il ne voyait pas la réalité.

A la formule fameuse : « Italie et Victor-Emmanuel, » il ajouta : « Rome ou la mort, » et l'on passa de Sicile en Calabre. Le gouvernement donna aux uns l'ordre de pourchasser l'expédition, aux autres de l'ignorer : en réalité, ne sachant quelle décision prendre, Rattazzi s'en remettait au hasard du soin de dénouer cette situation. Mais le hasard ne fit pas bien les choses.

Dans le massif montagneux d'Aspremonte, un corps de troupes régulières barra la route aux garibaldiens. De part et d'autre, semblait-t-il, on avait donné ordre aux soldats de s'abstenir de tout acte d'hostilité, mais de tels ordres sont rarement suivis à la lettre. Soudain quelques coups de feu retentirent; Garibaldi fut atteint au pied (29 août 1862). Fait prisonnier, le général fut conduit à la Spezia. Cette échauffourée et sa blessure par une balle italienne suscitèrent plus d'enthousiasme en sa faveur que n'avaient fait ses plus brillantes campagnes. Sa prison où il était traité comme un souverain était devenue un lieu de pèlerinage, même pour ses adversaires. Tous les libéraux d'Europe, ceux d'Angleterre notamment, lui envoyaient les adresses les plus chaleureuses. Le gouvernement, fort embarrassé de son prisonnier, sut trouver une solution élégante : l'amnistie. Le général retourna donc dans son île où sa blessure guérit lentement.

Mais l'inactivité de Caprera pesait à Garibaldi : il eût voulu prêter l'aide de son épée à la malheureuse Pologne qui recommençait alors la lutte contre ses oppresseurs. Plusieurs garibaldiens étaient dans les rangs des insurgés et leur général souffrait d'autant plus de ne pouvoir se joindre à eux, que la Pologne lui avait jadis fourni un certain nombre de volontaires. Dans l'impossibilité d'agir, il parlait, il écrivait. D'ailleurs, les chefs du mouvement insurrectionnel ne désiraient sa venue qu'à moitié, car ils craignaient qu'elle ne fût exploitée par le parti avancé et ne leur aliénât la bienveillance des gouvernements de l'Europe occidentale. Au bout de peu de temps, les rêves s'évanouirent et la malheureuse Pologne, une fois de plus, succomba.

Inoccupé dès lors, autant moralement que physiquement, — il était entièrement remis de sa blessure, — Garibaldi décida de se rendre en Angleterre afin de remercier le peuple anglais des sympathies qu'il avait toujours montrées à l'Italie. Il reçut un accueil triomphal (avril 1864).

Pendant ce séjour en Angleterre, il eut des entrevues avec les républicains français Ledru-Rollin et Louis Blanc ; il rencontra aussi Mazzini. Le russe Herzern réunit à sa table les deux grands italiens. Des convives de nationalités diverses assistaient à ce dîner. On y parla français et ce fut en français qu'on échangea les deux mémorables toasts suivants.

Se levant le premier, Mazzini dit :

« Mon toast comprendra tout ce que nous aimons et ce pourquoi nous combattons : A la liberté des peuples ! A l'association des peuples ! A l'homme qui, par ses actions, est l'incarnation vivante de ces grandes idées! A Joseph Garibaldi!... A la religion du devoir qui nous fera lutter jusqu'à la mort! »

Garibaldi répondit :

« Je vais faire une déclaration que j'aurais dû faire depuis longtemps; il y a ici quelqu'un qui a rendu les plus grands services à mon pays et à la cause de la liberté. Quand j'étais jeune et que je n'avais que des aspirations, j'ai cherché un homme qui pût me conseiller et guider mes jeunes années; je l'ai cherché comme celui qui a soif cherche l'eau. Cet homme je l'ai trouvé; lui seul avait conservé le feu sacré, lui seul veillait quand tout le monde dormait. Il est toujours resté mon ami, plein d'amour pour son pays, plein de dévouement pour la cause de la liberté. C'est Joseph Mazzini. A mon maître!... »

Malgré leurs divergences d'opinions, les deux grands patriotes italiens s'admiraient donc et s'aimaient. Leurs paroles étaient, en effet, sincères, tout au moins au moment où ils les prononçaient.

III

On a vu quels étaient à l'égard de l'Italie libérale les sentiments de la Prusse conservatrice. Cependant, quand les choses se gâtèrent tout à fait entre cette dernière et l'Autriche, Guillaume n'hésita pas à se rapprocher de Victor-Emmanuel auquel il s'était toujours montré si hostile. Toutefois aucun sentiment de fraternité, aucune similitude d'idées ni de goûts ne pouvaient rapprocher la Prusse et l'Italie, et l'on peut se demander si le gouvernement italien n'aurait pas dû accepter l'offre que l'Autriche lui fit par l'intermédiaire de Napoléon III, de lui abandonner la Vénétie pour prix de sa neutralité. En effet, la guerre lui fit subir des pertes considérables, ternit la gloire de ses jeunes drapeaux, et à la paix il lui fallut accepter la Vénétie des mains de la Prusse. Un seul général italien fut vainqueur dans la guerre de 1866 : Garibaldi.

Il était à Caprera. On lui demanda de n'en partir que lorsqu'on le lui dirait : il y consentit. Quand il sentait son pays en danger, il acceptait tout, se rapprochait de ses adversaires les plus acharnés, faisait taire en lui ses sentiments personnels : « Guerre et concorde », répétait-il seulement. On lui donna le commandement des volontaires. Il mit à la tête de ses quatre divisions Bixio, son fils Menotti, Fabrizi et le général qui commandait le détachement par lequel il fut blessé à Aspromonte : c'était donner une noble leçon de patriotisme.

Il aurait voulu — et Victor-Emmanuel était de son avis — débarquer près de Trieste, s'emparer de cette ville, appeler aux armes tous les ennemis de l'Autriche, si nombreux dans ces régions; puis remonter, se rendre maître des passages qui conduisent de la Vénétie aux vallées de la Save et de Drave. Plan hardi, mais fort bien conçu et très réalisable. Le gouvernement s'y opposa. Garibaldi s'inclina : « Je ne ferai aucune difficulté, déclara-t-il, d'exécuter les ordres qui me seront donnés par le commandant en chef de l'armée. » On lui donna pour mission d'opérer dans le Tyrol et il s'y prépara aussitôt (1).

Avant de se mettre en campagne, il conseilla à l'état-major général toute une série de mesures que celui-ci négligea, pour le plus grand malheur de l'Italie. On ne sut même pas se

(1) Cette campagne en pays montagneux promettait, en effet, d'être particulièrement difficile, les volontaires étant peu entraînés et mal armés et le corps des officiers laissant d'une façon générale à désirer au point de vue de la capacité professionnelle.

rendre maître du lac de Garde, ce qui eut beaucoup facilité la tâche des volontaires.

Garibaldi fut assez sérieusement blessé dans un des premiers engagements, et lui, si actif et qui aimait à s'assurer de tout de ses propres yeux, dut se résoudre à diriger ses troupes au moyen d'une carte. Il était, en effet, dans l'impossibilité de monter à cheval et obligé de se faire transporter en voiture. Cela lui donna l'occasion de faire preuve d'aptitudes théoriques que beaucoup lui déniaient. En quelques semaines, il repoussa les Autrichiens. Sa principale victoire fut celle de Bezzecca (21 juillet). Il allait entrer à Trente, quand il reçut l'ordre de se replier, ses succès étant rendus inutiles par les inexcusables défaites de l'armée régulière.

« Quelles pensées, se demande Guerzoni, durent assaillir le noble cœur du héros devant les hontes de Custozza et de Lissa, devant la Vénétie acceptée comme une aumône, devant le Trentin perdu, devant Trieste abandonnée, devant la frontière est de l'Italie entièrement ouverte, devant tant d'existences sacrifiées inutilement? » Evoqua-t-il alors cette guerre de 1859 où la France avait forcé la victoire à sourire au Piémont, comprit-il que sans Napoléon III l'Italie n'existerait pas encore?... Probablement il ressentit le désir de passer outre aux ordres donnés, de continuer la campagne dans ce Tyrol montagneux dont il s'était rendu le maître. Mais il envisagea les périls auxquels il exposerait sa patrie, pensa qu'on ne pouvait faire fond sur l'égoïsme prussien désormais repu, et répondit au général en chef ce seul mot : « J'obéis. »

IV

Voici le dernier geste du héros pour sa patrie! Venise était libre ; il voulait que Rome le devînt aussi. Comme avant Aspromonte, il parcourut l'Italie qui l'acclama et dont l'enthousiasme lui était utile pour réussir dans son entreprise. Mais il fut mis en état d'arrestation par ordre du gouvernement et enfermé dans la citadelle d'Alexandrie ; quelques jours après, un bâtiment de guerre le ramena à Caprera. Les préparatifs de l'expédition n'en continuaient pas moins et, sous la direction de ses lieutenants, des volontaires allaient entrer dans les Etats pontificaux pour y donner la main aux insurgés. Il résolut de s'évader pour rejoindre ses soldats.

Bien qu'officiellement il n'y fût pas prisonnier, Caprera était en effet surveillée. « Pour garder une telle île, disait le commandant des forces royales, il faudrait qu'il y eût un bateau devant chaque rocher... ou plutôt il faudrait embarquer Garibaldi à bord d'un navire de guerre et lui faire faire un voyage au loin. » Les événements ne tardèrent pas à montrer la justesse de ces paroles. Garibaldi parvint, en effet, à se sauver, mais non sans péripéties. Cette évasion vaut d'être racontée.

Vers 6 heures du soir, il sortit secrètement de chez lui et gagna un point de la plage où, derrière un massif de lentisques, une petite barque était dissimulée ; un marin l'y attendait et l'aida à la mettre à l'eau. Il partit seul, s'efforçant, ainsi qu'il l'a raconté, de faire moins de bruit qu'un canard qui nage et d'aller vite. Il n'y avait pas de temps à perdre, car la lune étant dans son plein, il fallait en profiter pour gagner l'île voisine, la Madeleine, tandis que les hauteurs de Caprera cachaient encore ses rayons. Une circonstance fortuite vint en aide au fugitif. Un de ses hommes était allé dans la journée à la Madeleine ; il revenait précisément à ce moment et, un peu gris, ne fit pas attention aux « qui vive » poussés par les canots de guerre. On tira sur lui, heureusement sans l'atteindre. Cette alerte appela toute l'attention sur ce côté de l'île tandis que de l'autre Garibaldi fuyait. De la Madeleine il passa en Sardaigne, puis sur le continent.

Il excellait, nous l'avons déjà vu, à surprendre ses ennemis ou ses adversaires. Alors qu'on le croyait à Caprera légèrement malade, il arriva soudain à Florence (capitale du royaume depuis 1864).

La surprise et l'enthousiasme furent extrêmes. Les uns disaient que le gouvernement avait laissé volontairement le général s'échapper (supposition fausse), d'autres refusaient de croire à sa présence. « Mais dès qu'on le vit, raconte un témoin, la fascination qu'il exerçait reconquit tous les cœurs. Le peuple le contempla avec une terreur superstitieuse comme un revenant, ses amis le consultèrent avec anxiété, ses adversaires l'interrogèrent avec respect ; tous autour de lui s'affolaient, pleins d'inquiétude ou d'impatience, comme s'il portait dans les plis de son vaste manteau les destins mêmes de l'Italie. »

Le ministère venait de démissionner. Ne faisant qu'expédier les affaires courantes, il ne voulut pas assumer la responsabilité d'une mesure contre Garibaldi. Celui-ci put donc prendre tranquillement toutes ses dispositions et aller rejoindre ses troupes.

Tout d'abord la victoire lui sourit et la journée de Monte-Rotondo parut lui ouvrir la route de Rome. Il marcha immédiatement sur la ville, mais apprenant que le mouvement insurrectionnel y avait échoué et qu'il allait rencontrer des troupes très nombreuses, il recula un peu. Ce mouvement rétrograde, dont les volontaires ignoraient la cause, les surprit. « La Mazzinerie en profita pour semer parmi eux le mécontentement, écrit Garibaldi dans ses mémoires : certains ne tardèrent pas à dire que si on n'allait pas à Rome il valait mieux retourner chez soi, car chez soi on mange et on boit bien, on dort au chaud et on risque moins sa peau. »

Cette amertume du général était justifiée. Ces défections, en effet, non seulement le privèrent d'environ 2,000 hommes, mais encore affaiblirent le moral de ceux qui restaient. Entre temps, Napoléon III avait envoyé des troupes au secours du pape, le nouveau ministère italien se montrait très hostile aux garibaldiens ; enfin, le gouvernement pontifical ayant massé ses forces se préparait à les attaquer. Avec sa ténacité coutumière, le vainqueur de Palerme ne voulut cependant pas abandonner la partie, et la rencontre eut lieu à Mentana.

Certains y firent montre de la plus grande valeur, mais la majorité n'y combattit que mollement, laissant à l'ennemi des positions excellentes et faciles à défendre, qui ne furent reprises que grâce à la mollesse plus grande encore des troupes papales. « Ce fut, a écrit un officier garibaldien, un combat entre gens qui fuyaient et gens qui n'avançaient pas. » L'arrivée soudaine sur le champ de bataille des troupes françaises changea la face des choses. Les volontaires qui semblaient vainqueurs se débandèrent. En vain leurs officiers cherchaient à les retenir, en vain leur général lui-même, pâle, sombre, vieilli de vingt ans, dit Guerzoni, qui était à ses côtés, hurlait aux fugitifs : « Mais asseyez-vous donc par terre et tirez ; vous serez vainqueurs ! » Supplications vaines !

la déroute fut complète (3 novembre 1867). « Je n'aurais jamais cru, avoua plus tard Garibaldi, que les soldats de Solférino seraient venus combattre les frères qu'ils avaient libérés au prix de leur sang et cette conviction me valut une défaite. »

La nuit était obscure, le vent glacial. La retraite fut morne. La colonne suivait son chef, qui, muet, affaissé, se laissait conduire par son cheval. Nul de ceux qui l'entouraient n'osait l'interroger. Soudain, se tournant vers l'un d'eux : « C'est la première fois, dit-il, que l'on me fait fuir ; il eût mieux valu... » Il n'acheva pas, et retomba dans son silence. A la frontière italienne Garibaldi rencontra le 4e régiment de grenadiers. Le colonel était justement un de ses anciens volontaires. Il lui tendit la main et lui dit : « Colonel, nous avons été vaincus, mais vous pouvez assurer nos frères de l'armée que l'honneur italien est sauf. »

Il comptait retourner à Caprera, mais à Figline il fut arrêté. S'adressant au colonel de carabiniers (gendarmes), chargé de cette pénible mission, il lui dit :

— Avez-vous un mandat d'arrêt régulier ?

— Non ! j'ai seulement l'ordre de vous arrêter.

— Vous savez qu'en agissant ainsi vous commettez une illégalité. Je ne suis coupable d'aucun acte d'hostilité à l'égard de l'Etat italien et je n'ai violé aucune de ses lois. Je suis député italien, général romain nommé par un gouvernement légalement constitué et citoyen américain. N'étant pris en aucun flagrant délit, je ne puis être arrêté et vous et ceux qui vous envoient violez la loi. C'est pourquoi je vous déclare que je ne cèderai qu'à la force et que si vous voulez m'arrêter il faudra m'emporter d'ici.

A ces mots tous ceux qui entouraient le général voulurent intervenir ; il eut beaucoup de peine à les calmer, leur déclarant qu'il ne voulait pas répondre à la violence par la violence et qu'il ne consentirait jamais à un conflit avec des soldats italiens. Une foule considérable s'était assemblée et on pouvait craindre qu'elle n'entrât en collision avec la division de bersaglieri qui occupait la gare. Les députés qui accompagnaient le général télégraphièrent à deux reprises au président du conseil pour le supplier, au nom de l'Italie, de contremander les ordres donnés. Aucune réponse n'étant faite, le colonel de carabiniers déclara qu'il devait exécuter sa mission. Quatre carabiniers s'approchèrent de Garibaldi ; leur maréchal des logis l'invita à le suivre. Il refusa. Alors les carabiniers le soulevèrent du siège où il était assis dans la salle d'attente et le transportèrent dans un compartiment qu'ils avaient préparé. Ses amis gardaient un silence plein de colère.

L'histoire jugera sévèrement cet acte commis sur la personne du libérateur de l'Italie. Aspromonte s'excuse, mais rien ne saurait atténuer l'odieux et l'absurde d'une pareille arrestation.

Canzio, gendre de Garibaldi, l'accompagna. Dans le même compartiment prit place le colonel de carabiniers. Les autres wagons furent occupés par les bersaglieri. Le prisonnier fut conduit à Varigliano où il fut maintenu trois semaines, puis embarqué de nuit pour Caprera. « Adieu, Rome, s'écria-t-il, qui sait qui pensera à toi et quand on y pensera ! »

V

Se rappelant sans doute le mot de Mazzini en 1866 « que le roi devait bannir de son esprit toute intention d'appuyer la France dans le cas d'une tentative sur le Rhin, » et poussant même jusqu'à l'impudence l'oubli des services rendus, certaines voix s'élevèrent en Italie pour demander, dès que le sort de la guerre de 1870 parut se décider contre nous, qu'on en profitât pour s'allier à la Prusse et reprendre Nice. Les trois grandes figures italiennes d'alors : Victor-Emmanuel, Verdi et Garibaldi eurent une façon de voir plus noble.

Le roi se refusa à toute hostilité vis-à-vis de la France. Il est des actes — attaquer un bienfaiteur est un de ces actes — qu'un galant homme ne commet pas, et Victor-Emmanuel était le roi galant homme. Il semble même qu'il ait souffert de ne pouvoir nous offrir son épée. Bismarck, toujours exactement instruit, ne se faisait pas illusion sur ses sentiments à l'égard de l'Allemagne. Verdi éprouva un véritable chagrin que son pays n'eût pas pris les armes contre la Prusse. Le généreux patriote qui n'avait pas oublié l'entrée à Milan retrouvait son énergie d'autrefois pour stigmatiser cette « ingratitude nationale ». Garibaldi enfin, visité par Bordone, un Français qui avait été officier aux Mille, et invité à combattre pour la France, se hâta de s'embarquer bien que son état de santé fût mauvais.

Marseille lui fit un accueil enthousiaste, mais à Tours le gouvernement provisoire se montra d'abord surpris et embarrassé de sa venue. Dans le désordre et l'indécision qui régnaient, on ne savait comment employer les services du valeureux et habile chef de partisans.

C'est parce qu'il n'a pas douté de la patrie au jour de l'épreuve que les générations futures garderont à Gambetta une admiration reconnaissante. Mais si le grand tribun conçut l'idée de la résistance, il ne comprit pas quelle était la tactique à employer et se trompa en essayant de former de grandes armées avec de jeunes troupes mal soudées et de livrer de grandes batailles. Les hommes de la défense nationale négligeaient ainsi les enseignements de l'histoire unanimes à prouver que, dans la situation où était la France, la guerre de partisans pouvait seule être efficacement tentée. Les Vosges notamment, avec leurs montagnes boisées et peu élevées, percées d'un grand nombre de routes, présentaient une merveilleuse ligne de défense à qui l'eût connue et eût su l'utiliser. Les armées allemandes couvraient la France. Plutôt que de chercher à faire lever le siège de Paris, il fallait jeter des corps d'élite dans le Morvan, la Côte-d'Or, les Vosges, couper les ravitaillements de l'ennemi et faire naître l'inquiétude chez l'envahisseur.

Quelques détachements de francs-tireurs et de mobiles formaient le noyau de la première armée des Vosges dont le contingent ne dépassa guère 10,000 hommes. Repoussée, elle dut se retirer sur Besançon. Son chef, le général Cambriels, souffrant de blessures reçues à Sedan, remit le commandement au général Crouzat, à qui l'ordre fut bientôt donné — on était tout à la grande entreprise de débloquer Paris — de transporter ses troupes sur la Loire. Il ne resta dès lors plus dans l'est que deux divisions. L'effectif de chacune d'elle fut porté à 15,000 hommes. Crémer, un jeune capitaine d'état-major évadé de Metz, nommé général à titre auxiliaire et qui se distingua dans une suite de combats, commandait l'une; l'autre fut placée sous les ordres de Garibaldi; elle hérita du titre d'Armée des Vosges.

Cette armée comprenait outre 3,000 volontaires italiens, une légion espagnole, des chasseurs égyptiens, une guerilla d'Orient, les bataillons marseillais de l'Egalité, les Enfants perdus de Paris, les Francs-Tireurs de la Mort, etc. Certains de ces corps, manquant totalement de discipline, commirent quelques excès; mais l'ensemble eut une tenue digne d'éloges.

Les forces furent d'abord divisées en trois brigades : Bossak-Hauké, Menotti et Delpech. Puis Ricciotti, le second fils de Garibaldi, reçut le commandement d'une 4e brigade et Canzio (son gendre), celui de la 5e. Après la mort du général Bossak, il assuma en outre le commandement de la première qui fut fondue avec la 5e. Bordone faisait fonctions de chef d'état-major. Le quartier général fut établi à Autun.

Garibaldi n'était certes plus l'irrésistible entraîneur d'hommes qu'il s'était montré au cours de son aventureuse carrière. Mais si on l'avait laissé libre d'utiliser sa connaissance de la guerre de partisans, il aurait rendu de très importants services. L'habile coup de main de Ricciotti sur Chatillon-sur-Seine (nuit du 18 au 19 novembre) le prouve. 400 hommes en effet, y culbutèrent plus de 1,000 Allemands, leur faisant 177 prisonniers dont 13 officiers et prenant 82 chevaux sellés, 4 voitures d'armes et de munitions et des dépêches. Dans un de ces ordres du jour dont il avait le secret, Garibaldi écrivit que « ceux qui avaient pris part à l'affaire de Chatillon avaient bien mérité de la République ». L'éloge était juste. Lantenay vit également (26 novembre) un fait d'armes brillant, sinon par l'importance des résultats acquis, du moins par l'excellente tenue au feu de nos jeunes troupes lesquelles apprenaient ainsi à vaincre. Le 1er décembre un coup de main des

Allemands sur Autun fut victorieusement repoussé.

Manteuffel dont le jugement ne saurait être suspecté de partialité bienveillante, émet sur le rôle joué par Garibaldi pendant la campagne des Vosges cette appréciation : « La tactique du général Garibaldi doit être spécialement signalée pour la grande rapidité des mouvements, les sages dispositions prises pendant la canonnade et la mousqueterie, l'énergie et l'ardeur montrées dans l'attaque qui est rapide, vigoureuse, résolue. Le général n'oublie pas un seul instant que l'objet du combat est de déloger l'ennemi de ses positions. Nous avons éprouvé cette valeur. Notre 61ᵉ fusiliers a eu son drapeau enseveli sous un monceau de morts et de blessés pour n'avoir pu se soustraire à la rapidité de mouvements de Garibaldi. Ses succès furent, il est vrai, partiels et n'eurent pas de suite, mais si le général Bourbaki avait suivi ses conseils, la campagne des Vosges aurait été pour les armes françaises la plus heureuse des campagnes de la guerre. »

IX

Lorsque l'insuccès des combats sur la Loire (commencement de décembre) eut montré à quel point était utopique le rêve de débloquer Paris, on voulut, avec une partie des hommes, dont on disposait et qu'on appela Armée de l'Est (Bourbaki), tenter de faire lever le siège de Belfort, d'envahir l'Alsace et de couper les communications de l'ennemi avec l'Allemagne. La conception de cette manœuvre dénotait autant d'intelligence et d'audace que de juste compréhension de la situation. Mais après avoir conçu, il fallait exécuter, et il faut bien le dire, l'exécution ne fut pas à la hauteur de la conception. Il importait d'agir rapidement et secrètement. C'est ce qu'on ne fit point. On mit trois semaines à effectuer une concentration qui aurait dû demander trois jours et de tout ainsi. Garibaldi aurait voulu qu'on profitât tout au moins de ce temps pour organiser solidement les troupes avant de les jeter en avant ; on s'en abstint.

L'Armée des Vosges reçut pour mission de couvrir le flanc gauche de l'Armée de l'Est et de marcher sur Dijon dont le général Allemand Ketteler couvrait les approches. Le combat dura trois jours (21, 22 et 23 janvier). Garibaldi y fit personnellement preuve de sa valeur habituelle et ses troupes furent dignes de lui. Dans ses Mémoires, il raconte qu'il vit bien rarement un entassement de cadavres aussi considérable que celui qu'il y eut sur certains points de ce champ de bataille. Les Allemands, en effet, moins nombreux, mais vieux soldats et bien entraînés, ne s'avouèrent vaincus qu'après avoir résisté avec la plus grande vigueur.

Le valeureux général Bossak, qui n'avait pas oublié que pour les Polonais la France est une seconde patrie, trouva dans cette bataille une mort de héros. A la tête de quelques hommes, il avait voulu aller reconnaître la position de l'ennemi; il pénétra jusque dans les lignes allemandes et, témérairement, continua d'avancer afin de se rendre exactement compte du point faible pour y lancer sa division. Il fut tué en combattant.

Après la victoire, Garibaldi adressa à ses jeunes troupes l'ordre du jour suivant :

« Eh bien ! vous les avez revus les talons des terribles soldats de Guillaume, jeunes fils de la liberté ! Dans deux jours de combats acharnés, vous avez écrit une page bien glorieuse pour les annales de la République, et les opprimés de la grande famille humaine salueront en vous encore une fois les nobles champions du droit et de la justice.

« Vous avez vaincu les troupes les plus aguerries du monde et cependant vous n'avez pas exactement rempli les règles qui donnent l'avantage dans la bataille.

« Les nouvelles armes de précision exigent une tactique plus rigoureuse dans les lignes de tirailleurs; vous vous massez trop, vous ne profitez pas assez des accidents de terrain et vous ne conservez pas le sang-froid indispensable en présence de l'ennemi; de sorte que vous faites toujours peu de prisonniers, que vous avez beaucoup de blessés et que l'ennemi, plus astucieux que vous, maintient malgré votre bravoure, une supériorité qu'il ne devrait pas avoir.

« La conduite des officiers envers les soldats laisse beaucoup à désirer; à quelques exceptions près, les officiers ne s'occupent pas assez de l'instruction des miliciens, de leur propreté, de la bonne tenue de leurs armes, et enfin de leurs procédés envers les habitants qui sont bons pour nous, et que nous devons considérer comme des frères.

« Enfin, soyez diligents et affectueux entre vous, comme vous êtes braves; acquérez l'amour des populations dont vous êtes les défenseurs et les soutiens et bientôt nous secouerons jusqu'à l'anéantir, le trône sanglant et vermoulu du despotisme et nous fonderons sur le sol hospitalier de notre belle France le pacte sacré de la fraternité des nations. »

Bien que grossie des mobiles du général Pelissier et de quelques autres troupes (ce qui l'avait portée au chiffre de 40,000 hommes), l'Armée des Vosges ne tarda point, en raison de la capitulation de Paris et du passage en Suisse de l'Armée de l'Est, à se trouver dans une situation périlleuse. L'armistice ne s'appliquait pas à elle. Cependant Garibaldi se maintint sur ses positions jusqu'à la fin de janvier ; mais comme les armées allemandes menaçaient sa ligne de retraite, force lui fut de rétrograder. Il évacua Dijon dans la nuit du 31 janvier (1) et donna Chagny comme point de concentration à son armée. De Chagny, il fallut reculer sur Chalon, puis sur Courcelles.

Cette retraite fut le dernier fait d'armes du général Garibaldi de même que son armée fut la dernière qui résistât. Cette opiniâtreté honore le vieux héros et termina dignement sa glorieuse carrière.

---

(1) Les Allemands occupèrent la ville dès le lendemain matin.

A Courcelles, Garibaldi remit à son fils Menotti le commandement provisoire de ses troupes pour se rendre à Bordeaux, car plusieurs collèges électoraux venaient de le choisir pour les représenter à l'Assemblée nationale. Il avait l'intention de voter en faveur de la République, puis aussitôt de démissionner. Mais en présence de l'accueil plein d'hostilité que lui fit la droite, il quitta, sans même avoir pris part aux débats, la salle des séances.

X

Garibaldi arrête brusquement ses Mémoires à son départ de Bordeaux, comme s'il voulait par là indiquer qu'il considérait son rôle comme achevé. Rome, en effet, était italienne (L'armée royale y était entrée le 20 septembre 1870). Le rêve de sa vie était donc réalisé. De 1871 à 1881, le héros se survécut pour ainsi dire à lui-même.

Sur la feuille de recensement de 1871, il écrivit en face de la rubrique « profession » le mot : « agriculteur ». L'agriculture était, je l'ai dit, une de ses passions, mais qui ne l'absorbait pas entièrement. Pendant ses dernières années, son activité, toujours un peu désordonnée, parfois intempestive, s'éparpillait sur beaucoup de choses différentes. Il acheva ses Mémoires commencés, on s'en souvient, pendant son séjour à Tanger. Cet ouvrage forme un gros volume de 500 pages médiocrement intéressant, diffus, plein de redites, de récriminations et, disons-le, de puérilités. Il composa aussi des vers en italien et en français qui valent mieux que sa prose.

En 1880, il eut un grand bonheur domestique : il obtint l'annulation de son second mariage. Ceci demande quelques explications.

Lors d'un voyage à Côme (1860), il avait fait connaissance d'une jeune fille dont l'ardent patriotisme l'avait séduit au point qu'il l'épousa. Mais il la quitta presque au sortir de la cérémonie nuptiale, après avoir reçu de sa bouche l'étrange aveu qu'elle avait un amant. Quelques années après, Garibaldi prit pour maîtresse une paysanne piémontaise nommée Francesca Armoniso. Cette femme, dont la conduite fut toujours irréprochable et qui vivait avec lui à Caprera, lui donna deux filles, Clelia (1867) et Rosita (née en 1869, morte en 1871), et un fils, Manlio (1873).

Garibaldi désirait vivement épouser Francesca et légitimer ses enfants, ce que son second mariage l'empêchait de faire. Il introduisit une demande en nullité dudit mariage laquelle fut, à sa grande colère, repoussée par le tribunal civil. Il aurait voulu qu'une loi fût faite spécialement pour lui ou qu'un décret royal intervînt. Vainement ses amis s'efforçaient de le calmer et de lui démontrer que le *fait du prince* n'était point de mise dans un régime parlementaire. Enfin, la cour d'appel de Rome tourna la difficulté en même temps que la loi et lui donna satisfaction. Aussitôt il épousa Francesca et légitima Clélia et Manlio.

C'est le moment de dire quelques mots de

ses différents enfants pour lesquels il se montra un père très tendre.

D'Anita il eut d'abord Menotti (1840). On se souvient que ce premier fils naquit au milieu des périls d'une retraite où sa mère devait chaque jour faire preuve de la plus grande vaillance et d'une constante énergie. Une chute de cheval que fit Anita peu avant son accouchement, eut pour conséquence que l'enfant vint au monde avec une petite cicatrice sur le front : il était marqué pour les aventures! Son prénom, Menotti, était le nom d'un martyr de la liberté. Après Menotti, vint (1842) Rosita qui mourut en 1846; ce fut pendant une campagne victorieuse que Garibaldi apprit cette perte qui le pénétra de douleur. Deux autres enfants naquirent encore en Amérique : Térésita, qui épousa Canzio, un des compagnons d'armes du général, et Ricciotti, né en 1847, peu avant que sa mère quittât l'Uruguay.

Vers 1856 Garibaldi eut une liaison avec une jeune fille de Nice. Cette liaison dura plusieurs années et il en naquit, en 1859, une fille à laquelle le général donna, en souvenir de sa première femme, le nom d'Anita ; elle mourut en 1875. Il la fit enterrer à Caprera ainsi que sa seconde Rosita. On peut se demander pourquoi il n'a pas épousé cette jeune niçoise qui en était parfaitement digne et pourquoi, lui qui ne devait épargner aucun effort pour légitimer Clélia et Manlio, négligea de légitimer Anita.

Guerzoni, si instruit de tout ce qui concerne Garibaldi qu'il connut intimement, s'est étonné de cette contradiction, mais n'a pu l'expliquer.

XI

Garibaldi était arthritique. On a vu que des crises rhumatismales l'avaient, à diverses reprises, sérieusement atteint. Depuis 1880 cette affection avait pris un caractère chronique et d'une telle gravité qu'il eut les pieds et les mains déformés et que, devenu invalide, il fut obligé de se faire traîner dans une petite voiture. Sa forte constitution résista deux ans, mais il s'affaiblissait visiblement.

Le matin du 1er juin 1882, il se sentit soudain beaucoup plus mal. Sa respiration devenait difficile. Un petit navire de guerre se trouvait mouillé dans le voisinage, Menotti en profita pour envoyer chercher le jeune médecin du bord. Celui-ci ayant jugé l'état du malade très grave, on appela par télégraphe un célèbre professeur de Palerme et comme la situation avait empiré pendant la nuit, Ricciotti, son second fils qui était à Rome, et son gendre Canzio, qui était à Gênes, furent également prévenus. Ils ne purent arriver à temps, non plus que le professeur de Palerme. Dans l'après-midi du 2 la respiration était devenue très difficile ;

on voyait pour ainsi dire les forces s'en aller et la voix s'affaiblissait d'instants en instants ; mais la lucidité restait complète.

La nature voulut se parer afin de le fêter une dernière fois : le soleil était radieux en sorte que l'on put laisser la fenêtre ouverte. Deux fauvettes à tête noire auxquelles le vieillard donnait chaque jour du pain, vinrent se poser sur le balcon en pépiant. Francesca, craignant qu'elles ne fatiguassent le général, voulut les écarter ; mais celui-ci lui dit d'une voix presque éteinte : « Laisse-les. Ce sont peut-être les âmes de mes deux enfants qui viennent me visiter avant ma mort. Quand je ne serai plus, je vous recommande de ne pas oublier ces oiseaux et de leur donner bien régulièrement à manger. » Il se tut et ne rompit dès lors plus son silence que pour demander à diverses reprises Manlio, son dernier fils, qui était malade. Vers le soir, d'un geste convulsif, il s'essuya le front où perlait la sueur d'agonie. Puis il chercha une dernière fois du regard le ciel, la mer, sourit à sa femme et à son fils et mourut entre leurs bras avec le calme d'un patriarche. Il était 6 heures 22 minutes.

XII

A la mort de celui que Victor Hugo avait justement appelé « le héros de l'idéal », non seulement les solennités et les réjouissances de la fête du Statut — devenue, depuis Cavour, la fête nationale italienne — furent interrompues, mais en France, la Chambre des députés leva la séance en signe de deuil et les Etats-Unis, la Hongrie, la Suisse, Londres, prirent une part officielle à la douleur de l'Italie.

Garibaldi avait souvent manifesté ses volontés suprêmes. Il voulait qu'après sa mort son corps fût brûlé sur la plage de Caprera. Il avait minutieusement indiqué le programme de ses funérailles : on le revêtirait de sa chemise rouge, on l'étendrait sur un petit lit de fer, le visage tourné vers le soleil, on déposerait à côté de lui quelques gerbes de fleurs sauvages parfumées et le bûcher serait fait avec des acacias de Caprera qui sont riches en huiles, par conséquent très inflammables ; la funèbre cérémonie devait être accomplie avant que l'univers apprît sa mort ; ses cendres mêlées à celles des plantes odoriférantes seraient recueillies dans une urne qu'on déposerait à Caprera entre les sarcophages de ses deux filles.

— Mais, lui objecta un jour un de ses amis, si vous mourez au cours d'un de vos voyages sur le continent?

— Vous rapporterez mon corps ici, et vous le brûlerez comme je vous le demande, répondit le vieux héros.

Dans la conception de cette tragique mise en scène apparaissent à la fois le goût de Garibaldi pour les gestes nobles, pour les belles attitudes et sa manie de réglementer les plus petits détails des grandes choses.

Le gouvernement se mit d'accord avec la famille pour ne pas exécuter, dans leur teneur intégrale, les désirs de l'illustre défunt. Son corps ne fut point brûlé sur un bûcher d'acacias, mais inhumé non loin de sa demeure, à l'abri de deux rocs immenses. Rome avait réclamé sa dépouille ; Caprera, suivant sa volonté, la garda.

De la maison un petit chemin conduit à la tombe dont la dalle funéraire ne porte qu'un nom. Cette solitude et cette simplicité conviennent à celui qui dort sous cette pierre. Un soldat monte la garde devant la grille. Ne voyons point là seulement un hommage au patriotisme, mais plutôt le symbole qu'un peuple peut toujours espérer quand il ne s'abandonne pas soi-même.

Caprera est devenu un lieu de pèlerinage. L'île que domine le Telajon présente d'étranges contrastes de plaines fertiles, de riantes vallées et de gorges sauvages hérissées de rocs, semées de précipices. La maison de Garibaldi est située à quelque distance de la grève. On l'aperçoit de loin se détachant sur le fond vert sombre des mélèzes et des sapins. En face de la porte principale, sur un socle de granit, se dresse le buste du général vêtu du costume légendaire.

On aborde à l'endroit même où le héros s'embarqua pour sa tentative sur Rome, et l'on monte par le sentier fleuri qu'il descendit quand il fut accomplir ce dernier geste pour l'Unité. Voici la fenêtre près de laquelle celui qui avait si souvent affronté la mort fit pousser son lit d'agonie afin de voir une dernière fois la mer de l'autre côté de laquelle sa pensée défaillante se représentait encore cette Italie si chère à laquelle il ne manquait plus que Trente et Trieste... Entrons. La chambre est pleine de souvenirs. Au pied du lit, sur une grande banderolle, une inscription en français : « A Garibaldi, sa ville natale. » Au chevet, la bannière de Nice. Le calendrier à éphémérides est resté suspendu à l'endroit où Garibaldi lui-même l'avait mis ; il indique cette date : vendredi 2 juin 1882.

FIN

Table des Matières.

Paris, Imp. Paul Dupont (2e Arrt.). — 446.7.07 (Cl.).

www.ingramcontent.com/pod-product-compliance
Ingram Content Group UK Ltd.
Pitfield, Milton Keynes, MK11 3LW, UK
UKHW021830190726
13853UKWH00003B/1271